AF596301

Souffle doucement sur les cendres

Carole Simonnet

Souffle doucement sur les cendres

Roman

LE LYS BLEU
ÉDITIONS

ISBN : 979-10-422-0011-4

À mon père, Yves Simonnet
À toutes les âmes envolées de la Shoah et à leurs descendances,
À mes étudiants du passé, du présent et du futur,
À l'Humanité pour que l'on n'oublie jamais.

Introduction

La mort d'un père pour une petite fille est une expérience inhumaine. La perte meurtrit l'âme, heurte le corps, brise le cœur. L'absence est insupportable, le deuil est impossible, la vie n'est plus envisageable. L'insouciance enfantine disparaît avec la douce et joyeuse image paternelle, tout semble injuste et odieux, tout paraît fade et insipide.

La lumière s'éteint à jamais, l'obscurité devient une lueur familière et rassurante comme si elle permettait de garder un lien avec la noirceur qui entourait son corps apathique.

Et dans la déchéance sans répit ni fin de ma jeune existence fragile et vacillante, le pire que je croyais vivre n'était qu'une illusion profondément ressentie dans ma chair.

Juste derrière la mort vengeresse de mon père se cachait un sournois secret, celui d'une famille qui triomphait dans les apparences mais qui se consumait à petit feu dans les braises des mémoires de ses âmes qui valsaient sous les cendres.

La honte rôde et se veut asphyxiante, on ne parle surtout pas de ce qui révèle un crime. Le manque d'un père anéantit, la découverte d'une filiation insoutenable achève.

L'intolérable est indigeste, la vision des corps décharnés jetés dans la fosse ne vous quitte plus jamais. Les enfants pleurant dans les bras de leur mère déjà loin des pères disparus dans les trains à destination de l'innommable vous obsèdent, la quiétude n'est définitivement plus qu'un souvenir d'antan.

Et pourtant, leurs énergies d'amour toujours vivantes vous relèvent jusqu'à vous porter, pour vous transmettre la force de libérer et de transformer l'horreur en mémoire éternelle.

Nos histoires sont liées à perpétuité, ma respiration vibre du ventre au cœur et souffle doucement sur les cendres afin qu'elles dansent à l'infini dans l'immortalité de la vie.

Chapitre 1
À la source, une mauvaise graine

Les bras de papa étaient l'endroit le plus doux de la terre. Si un ange m'avait chuchoté à l'oreille qu'il fallait que je me prépare à bientôt ne plus sentir et toucher sa peau, j'aurais préféré éprouver les flammes de l'enfer plutôt que l'absence de son amour inconditionnel. J'aurais pu braver le feu mais je ne pouvais pas survivre à sa perte.

Existe-t-il quelque chose de pire que la disparition de l'être le plus tendre qu'une enfant puisse chérir ? Là encore, j'aurais mis ma main au feu pour affirmer en sanglots que rien n'est plus insurmontable que de voir son héros paternel dépérir indéfiniment pour disparaître à jamais… Et pourtant, une réalité plus insupportable et intolérable se cachait là, juste après son départ sans retour possible. La mort de mon père n'était pas le point d'achèvement de ma jeune vie, non, seulement un passage vers la souffrance éternelle qui prenait la forme du secret.

Le secret… Un mot si mystérieux, qui vous attire pour mieux vous fuir. On veut bien souvent savoir ce qu'il cache, qui le connaît, qui en est à l'origine et pourquoi sa connaissance s'est transformée en silence, en des mots qu'il faut taire à tout prix. Enfant, il est la quête ultime, la fierté d'avoir été créé dans un esprit insouciant, avec la volonté farouche de ne pas le dévoiler et de vouloir le garder pour l'éternité. Peut-être parce que l'on sait déjà au plus profond de soi que s'il est découvert, la vérité triomphera sur un paraître si confortable et rassurant. Le secret permet de ne pas faire exister ce qui est honteux, lâche et obscur. La lumière, même si elle n'est pas pure et authentique, vous laisse croire que la noirceur n'est qu'une illusion éphémère.

Derrière le secret s'entremêlent le mutisme, les non-dits, les faux-semblants face non pas à une mort paternelle mais à des milliers de morts humaines. La frontière entre le secret et le tabou est si fine et finalement, peu importe la nuance, la finalité est la même : ce qui n'est pas nommé et assumé vous est transmis d'une manière plus vicieuse, par une voie inconnue qui vous empêche de trouver les repères vers un sens, celui de votre vie, de la vie tout entière.

La mort de mon père m'a fait entrevoir les portes de l'enfer. La découverte du secret m'a fait rencontrer le diable. Le combat entre les anges et les démons pouvait commencer pour ne plus jamais s'arrêter…

Novembre 1994 : Papa me sourit mais il est triste. Je ne lui dirai pas que je connais le secret tout simplement parce que je n'en ai pas encore conscience. Mon corps sait déjà mais mon esprit a gardé l'insouciance de l'enfance.

Le dimanche est l'unique journée de la semaine où je peux passer du temps avec mon père. Il aime être dehors, dans notre grand jardin qui prolonge deux petits bois. Il s'occupe de sa jument qu'il ne monte plus, il bricole et coupe du bois pour nous réchauffer durant les longues soirées d'hiver dans notre maison charentaise aux pierres froides déjà lourde de secrets.

De tous ces dimanches à le contempler, fière de constater que mon père était le plus fort, il y en a un que je n'oublierai jamais. Papa est dans son atelier, un endroit qu'il avait aménagé dans l'ancienne écurie de sa jument morte quelques semaines auparavant. Je n'ai vu qu'une seule fois mon père pleurer en 15 ans : il l'avait découverte un matin d'automne étendue et inerte. Un papa, ça ne pleure pas alors quand il s'est laissé aller ce jour-là, j'ai pleuré avec lui pour qu'il se sente moins seul. Dans cette petite pièce en bois qui lui rappelait l'affection pudique qu'il portait à son animal, il était dans son espace. J'ai su des années plus tard ce qu'il avait besoin de fuir mais à cette époque, je pensais juste que mon père avait besoin de ses moments seulement avec lui-même simplement pour créer de ses mains, pour les siens. Ce dimanche d'automne, je le regardais avec admiration scier et poncer des morceaux de bois qu'il avait soigneusement choisis pour me confectionner une maison de poupées. Mais j'étais d'autant plus heureuse que son initiative était spontanée et n'était pas le fruit d'une requête bien légitime de sa jeune fille. Non, c'était bien mon super papa qui, sans perdre de temps, construisait ma maison en bois. J'étais tellement heureuse de le voir si enthousiaste que je n'ai pas osé lui dire que les petites poupées que l'on fait gigoter entre quatre murs miniatures ne faisaient pas partie de mes préoccupations de petite blondinette à bouclettes.

Oui parce que moi j'étais « Carole des sources » et je faisais revivre Manon pendant que papa croyait de bonne foi que sa création artistique allait adoucir mes samedis en solitaire, journée où il n'était pas là, jamais là. Je ne pouvais pas lui dire que cela faisait bien longtemps, du haut de mes 11 ans, que je parcourais le bois, accompagnée de mes deux fidèles acolytes, nos chiens Voltaire et Djem, eux-mêmes perplexes face aux petits bruits qui sortaient de ma fine bouche pour tenter de les guider dans ma conquête de la chasse aux lapins. Manon avait réussi, je pouvais bien y arriver moi aussi. Nous n'étions pas dans les collines de Marcel Pagnol mais peu importe, comme Manon, j'avais ma longue chevelure blonde, ma robe champêtre, mes petites ballerines et je courais vaillamment et sans crainte dans cet espace qui était le mien, cette nature boisée de notre vaste demeure où j'avais dû me créer un monde imaginaire pour oublier que la vie n'allait pas m'épargner. Au cœur de cette petite forêt, je cachais des pièges à lapins confectionnés de mes petites mains peu habiles avec le fil de fer que j'avais pris dans le tiroir de mon père, sans lui dire, car malgré ma naïveté bien évidente, je n'étais pas dupe de l'absurdité et de la finalité de ma démarche : jamais un lapin ou un oiseau n'allait se faire attraper mais la vérité est que ce n'était pas ce que je voulais, je préférais bien qu'ils gardent leur liberté. Mais croire pendant quelques après-midi mélancoliques que j'étais Manon, aussi libre et farouche face à la cupidité des hommes, me permettait d'échapper à une réalité brutale que je ressentais déjà. Durant quelques heures, j'étais une héroïne courageuse et fière. Je ne savais pas encore que bien des années plus tard, je comprendrais que je me préparais déjà à faire ce qu'avait fait Manon : venger la mémoire de mon père d'une histoire familiale peu glorieuse et révélatrice de ce que fut la lâcheté et l'atrocité de certains hommes dans l'histoire de l'humanité.

Ce dimanche d'un doux novembre, j'ai 11 ans, papa en a 42 ans. Ni lui ni moi ne savons que le pire est à venir. Il y a de la tristesse dans son regard : Papa a un secret. Pas un secret comme les miens, non, un secret qui consume, qui vous tue. Les protagonistes de ce secret familial vont l'achever 4 ans plus tard. Un cancer en sera l'emblème et va le détruire à petit feu durant un an. Cette année-là, j'ai 14 ans et je vois mon héros joyeux et combatif dépérir jusqu'à ressembler à un rachitique cadavre. La joie est devenue fade, elle n'a plus la même saveur quand on soupçonne que la mort rôde. Le mal et la honte familiale l'ont tué un été, avec un secret qu'il n'a pas eu le temps de me dévoiler. Trop jeune pour entendre, trop sensible pour y survivre. Ce 21 août 1998, je suis morte avec lui, mais j'ai ressuscité, après plus de 20 années, après une éternité en enfer. Les sources de mon imaginaire enfantin m'ont ravivée, des âmes lointaines mais bien présentes m'ont sortie des ténèbres pour les faire rayonner.

Mon père s'appelait Yves et il avait 46 ans. Je m'appelle Carole et j'ai aujourd'hui 40 ans. Le deuil d'un amour paternel est impossible. On ne peut pas voir son père mourir lorsque l'on est une enfant. C'est impensable, inimaginable, juste intolérable. L'absence étouffe, sournoisement, mais le secret, lui, reste vivant, insidieusement. Ce secret assassin, je vais vous le conter, pour souffler doucement sur les cendres, pour faire danser les âmes, pour ne pas oublier l'innommable.

Chapitre 2
Tu porteras le fardeau seule ma fille

C'est un dimanche de l'année 1983, pendant les vacances de Pâques, que je suis arrivée dans ma famille, à Saintes en Charente-Maritime. Une période importante pour les catholiques puisqu'elle marque la semaine Sainte et la résurrection du Christ. Sans savoir de qui et de quoi j'étais issue dans la lignée paternelle, j'étais prédisposée à un long chemin de croix et à une résurrection douloureuse pour tenter de réparer l'inacceptable.

Mon entrée dans cette vie fracassante n'a pas été douce. Ma mère, qui accouchait de son 3e enfant, m'a fait sortir de son ventre en me mettant sans le vouloir d'ores et déjà face à la difficulté de l'existence : je me suis présentée face à l'obstétricien toute violette, le cordon ombilical enroulé trois fois autour de mon cou. Dans des moments perplexes face à l'histoire de ma famille, je me suis souvent demandé si j'avais voulu mourir en sachant inconsciemment ce qui m'attendait ou bien si ma mère, en voulant me sauver, voulait me faire disparaître dès mon entrée dans la vie. Je préfère aujourd'hui croire, malgré des années d'incompréhensions entre nous qui m'ont fait douter d'un potentiel instinct maternel, qu'elle voulait m'éviter l'insurmontable.

Mais il en fallait bien plus pour me tuer et me faire repartir vers la source pourtant bien plus douce. Dès mon premier jour de vie, j'ai compris que la mienne ne serait pas simple, que mon chemin serait parsemé d'épreuves qu'il me faudrait vaincre et que la difficulté et la lutte feraient partie de mon quotidien. Je l'ai toujours pensé : ne se présentent à nous que les épreuves que nous pouvons surmonter. Dieu avait misé sur moi, c'est donc qu'il croyait en moi et en un potentiel infini, j'allais lui montrer que même face à l'insupportable, la foi, elle, ne m'abandonnerait pas. Mes parents, unanimement, avaient choisi le prénom de Carole. Je n'ai jamais réussi à m'aimer pendant de très longues années mais j'ai toujours aimé mon prénom. Je pensais qu'il m'allait bien. Un mélange de force et de douceur, de puissance et de tempérance.

J'ai compris au fil des années, au fur et à mesure de la prise de conscience de ma destinée, que mon prénom contribuait à un tout. En liant son étymologie, germanique, au jour dédié à sa fête, le 17 juillet, et à mon apparence physique de mes premières années, blonde aux yeux bleus et au teint diaphane, il se révélait que j'étais déjà prédestinée à un rôle que je n'avais pas choisi au sein de ma famille et qui sera involontairement mon fardeau, mon bourreau, pendant une grande partie de ma jeune vie. 40 années plus tôt, j'aurais été la parfaite enfant pour les nazis, une Aryenne au sang pur, un modèle exemplaire.

Je ne vais pas attendre pour vous dire que je suis la continuité d'un secret, ou plus exactement un tabou familial puisque tout le monde savait, soigneusement conservé mais qui m'a été insidieusement transmis. Un cadeau de naissance bien pourri que l'on ne peut pas refuser et dont on ne peut pas se débarrasser.

Me voilà ainsi entrant dans ce monde où m'accueille dans un premier temps ce gynécologue qui, me voyant arriver avec une couleur peu rassurante, dit à ma mère que c'était déjà le commencement des emmerdes. Après deux garçons, me voilà : « Merveilleux une fille ! » pour mon cher papa, « Comment je vais faire avec une fille ! » pour ma chère maman.

Lorsque je me plonge, tantôt avec joie, tantôt avec mélancolie, dans mes photos d'enfance, notamment celles où je suis encore un bébé, je n'ai plus le même regard sur ce que renvoie l'expression de ma mère. J'ai cru, avec des causes factuelles, parfois rationnelles mais sans la hauteur de vue parfois nécessaire, que ma mère ne m'aimait pas, qu'elle ne m'avait pas désirée, que j'étais un poids et que sa vie aurait été bien plus simple si je n'avais pas pointé le bout de mon nez tout violet une journée de printemps. Ma perception de ces images, après des années d'expérience de vie et de cheminement personnel, était transformée. La colère s'était estompée et j'avais l'impression que les expressions de son visage avaient changé. Chose inattendue, ma mère semblait sourire à mon contact. Peut-être m'avait-elle finalement aimé dès mes premiers mois de vie. Je n'avais pas été ce cauchemar, ce fardeau que je croyais avoir toujours été. Ce n'est pas moi qu'elle n'aimait pas quand elle m'a mise au monde, c'est ce que je lui renvoyais brutalement en pleine face, moi, le fruit de ses entrailles, ce qu'elle ressentait de sa vie qu'elle subissait en bon petit soldat que sa droiture viscérale lui ordonnait, de ce quotidien laborieux, faussement heureux, et qui ne lui a pas donné l'opportunité d'avoir le temps de m'aimer, de nous aimer mes frères et moi, comme elle l'aurait voulu. Ma mère nous a toujours aimés, pas comme il faut mais comme elle a pu.

J'ai grandi dans les années 1980 et 1990 dans une grande demeure charentaise entourée d'un immense jardin et de deux petits bois où se cachait un gros secret. Il me sera révélé implicitement, par les non-dits de ma grand-mère paternelle, à travers des échanges du quotidien. Elle a été la compagne de chacun de mes jours de vie depuis mes deux ans. Où j'étais, elle était et il n'y a pas eu un jour où elle n'était derrière ou face à moi. J'aurais bien aimé grandir avec mes frères et mes parents au sein d'un petit cocon calme et serein, juste tous les cinq, avec nos chiens, vivant un quotidien banal d'une famille ordinaire, mais ce ne fut pas le cas. Mon père était opticien, il avait repris l'affaire de mon grand-père qui avait créé son magasin d'optique en 1944, à la fin de la guerre, avec sa femme. Comme ma grand-mère paternelle, ma mère était aux côtés de mon père pour cette aventure professionnelle. Être commerçant et chef d'entreprise, c'est être disponible et dévoué à son commerce, ses clients, 6 jours sur 7, de 9 h à 19 h, dans le meilleur des mondes puisque j'ai compris très tôt que le client est roi et que s'il arrive à 18 h 59, on ne le met surtout pas dehors et que s'il veut rester une heure pour regarder des paires de montures ou des lunettes astronomiques qu'il n'achètera pour la plupart du temps finalement pas, et bien on prend sur soi et surtout, on lui sourit. Les enfants attendront seuls à la maison, c'est comme ça, tant pis, c'est notre vie.

Mais en réalité, nous n'attendions pas seuls à la maison, il y avait mamie et la nounou. C'est dans un appartement au-dessus du magasin en centre-ville que j'ai passé les deux premières années de ma vie, avec mes frères. Mon père, chaque week-end, allait rejoindre mes grands-parents dans leur grande maison charentaise à l'écart de la ville pour retaper de ses mains l'ancienne grange. Il y travaillait avec mon grand-père et quelques amis pour un objectif bien précis : venir y vivre avec sa femme et ses enfants, auprès de ses parents. Avant de mourir 14 ans plus tard dans cet endroit qu'il avait pris soin de construire pour nous cinq, mon père exprimera un seul regret et dira à ma mère sur son lit de mort, le lit conjugal, que cela aura été la pire erreur de sa vie, et donc de notre vie à tous. C'est dire le contexte anxiogène et délétère des années qui ont suivi l'emménagement proche de sa mère, Yvette, protagoniste et sujet d'abord du secret puis du tabou, et de la transmission qu'elle m'en a faite, sans nommer clairement les choses, ce qui me vaudra des années de calvaire en enfer, juste après la mort de mon père.

À partir de mes 6 ans, dans ce quotidien où elle était toujours derrière chacun de mes gestes, elle a parsemé ses phrases de sous-entendus, de faux-semblants, de remarques qui construisaient en moi le joug du secret. Mais mine de rien, mon cerveau intégrait chaque mot et je continuais ma construction de petite fille avec des informations qui pénétraient tout mon être à petit feu.

Mes grands-parents paternels n'étaient pas non plus le couple des Thénardiers, grâce à l'homme merveilleux qu'était mon papy, Marius. On l'adorait tous même si l'ayant peu connu, mes souvenirs demeurent fragiles. C'est le premier être que j'ai perdu dans ma vie, j'avais seulement 4 ans. Papy Marius avait une bouille toute ronde, comme moi, et il aimait les plaisirs simples de la vie, la joie, qu'il perdra quand il comprendra bien plus tard, trop tard, ce que sa femme était, faisait, lui cachait, et ça le tuera, avec un cancer du pancréas, le même que mon père, son dernier fils dont il était très proche. Papa lui ressemblait beaucoup de caractère, impulsif mais attachant, droit et courageux, spontané et juste. Maman me racontera que durant la maladie de mon grand-père, lors de ses derniers jours, j'étais son rayon de soleil. Du haut de mes 4 ans, je le faisais rire. J'étais insouciante, heureusement inconsciente, je ne comprenais pas ce qui s'apprêtait à se passer, ou bien peut-être avais-je déjà compris que la mort, les morts et la maladie feraient partie intégrante de ma vie, et qu'il fallait d'ores et déjà laisser de la place aux rires, aux sourires, pour survivre. Je courais le rejoindre dans sa chambre où il y avait un vélo d'appartement, je montais joyeusement dessus pour pédaler à toute vitesse quelques secondes et je repartais avec la même vigueur, comme une étoile filante, qui vous porte chance ou bonheur selon l'occasion. Il n'a eu ni l'une ni l'autre, mais il est parti avec en image ma lumière, mon amour inconditionnel de petite fille.

Il restait donc par la suite ma grand-mère, avec son histoire et ses mensonges mais avec sa fidèle présence. Cette présence que mes parents ne pouvaient pas nous apporter puisque les clients nous en privaient. Je sais que notre maison faisait rêver les gens, adultes et enfants, qui venaient. Quelle chance d'habiter ici, avec un si grand espace, juste assez loin du bruit de la ville tout en étant proche avec cette nature apaisante à disposition. Je suis d'accord avec ce dernier élément : la nature boisée qui m'entourait m'a sauvée, avec les mots de Marcel Pagnol, son héroïne Manon et ses lapins sauvages. Mais la douceur de cette nature n'avait pas le pouvoir de faire illusion indéfiniment. L'absence parentale devenait glaciale et paralysante, elle abîme et laisse des traces, des blessures que l'on garde toute sa vie et que l'on ne panse pas.

Mais il y en avait une que leur absence allait servir, c'est ma grand-mère. Puis-je vraiment la blâmer ? La réponse n'est pas la même aujourd'hui qu'il y a quelques années, après la mort de mon père et ma prise de conscience sur l'histoire de la lignée paternelle. J'ai tenté de comprendre ses actes, ses choix, ses manœuvres orchestrées avec et pour son autre fils, le frère aîné de mon père, Jacques, un lâche animé par le vice et la jalousie, le mal incarné, mais pour qui j'ai aujourd'hui de la compassion : il faut sacrément souffrir pour s'acharner ainsi à détruire la famille de son jeune frère qui lui, n'a eu de cesse de l'aimer. Lui est toujours animé par la haine, l'aigreur et la jalousie, moi toujours pas et assurément jamais.

Après avoir compris de quoi et de qui était issue ma grand-mère, j'ai réussi à laisser place à la nuance, à ce nécessaire et indispensable gris, qui a le mérite de me rappeler que dans chaque vie vécue, tout n'est pas tout blanc ou tout noir. Être le fruit d'une inhumanité explique beaucoup de comportements, sans pour autant les excuser et les oublier. Je peux aujourd'hui comprendre et pardonner à ma grand-mère. Quant à son père, viscéralement pas, peut-être un jour.

J'ai deux grands frères mais j'ai l'impression d'avoir grandi en fille unique. Nous vivions dans la même maison mais je n'ai pas le souvenir d'avoir partagé avec eux des moments fondateurs essentiels dans une fratrie. Je considère que ce n'est ni leur faute, ni la mienne, ni celle de personne d'ailleurs. Ils avaient 6 et 4 et demi de plus que moi, et le contexte était ce qu'il était. Ma perception et mon ressenti ont évolué avec le temps, au fil de l'introspection. Il fut un temps où j'aurais utilisé d'autres mots, bien plus durs, notamment envers mes parents et plus particulièrement ma mère, qui a toujours su manier la dureté comme une nature profonde.

Nous vivions, mes frères et moi, dans une trop grande maison, selon moi, pas pour eux. Une maison aussi grande et oppressante que l'absence parentale. Mes parents travaillaient beaucoup, toute la semaine, toute la journée, du matin au soir. Quant au dimanche, seul jour qui pouvait nous réunir, j'ai le souvenir de ma mère qui faisait le ménage pour que la maison soit propre, que ça brille et que ça sente bon. Elle l'était déjà puisque nous avions une femme de ménage qui venait tous les jours et avec qui j'ai échangé bien plus qu'avec ma propre mère. Mon père, lui, était pour la plupart du temps à l'extérieur, dans notre domaine boisé aussi grand que la maison. Autant l'immensité de la maison m'a isolée, autant la grandeur de cette nature qui était la nôtre m'a sauvée en me permettant de m'échapper d'une réalité trop triste pour l'âme joyeuse que je voulais farouchement être.

Chacun était dans son espace, dans sa sphère impénétrable. Le dimanche aurait été l'occasion d'être tous les cinq, de rire, de partager, de vivre ensemble des choses légères et fédératrices, qui unissent, réunissent et forgent des souvenirs qui permettent à tout enfant de se construire dans la confiance et la joie. Nous étions nombreux mais finalement chacun très seul. Mon frère aîné a eu pour principaux compagnons du quotidien ses consoles de jeu et son ordinateur, ainsi que ses romans de Stephen King. Quant à mon autre frère, il était très souvent avec ses amis du lotissement d'en face et moi, je me suis échappée très tôt de ma destinée en étant Manon, non pas des collines de Rambuteau mais du bois de Magezy.

Mais dans ce quotidien qui peut paraître bien morose ou peut-être en vérité semblable à beaucoup d'autres familles, je réussis à retrouver aujourd'hui des moments privilégiés et heureux passés d'un côté avec mon père et de l'autre avec ma mère, entourée de mes frères. Ils sont rares mais ma conscience me rappelle qu'ils ont existé.

Mon père n'aimait pas être seul. Il avait besoin d'être entouré, d'être sûr qu'on l'aime, qu'il était aimé par sa femme, ses enfants, ses amis, sa famille, même ses clients. Cet aspect-là de sa personnalité révélait déjà une faille. Sous un aspect confiant et sûr de lui, il était très sensible et doutait beaucoup. Je garde le souvenir d'un homme un peu possessif et jaloux… pas envieux de ce que pouvait avoir les autres mais il avait la peur, plutôt l'angoisse d'être abandonné. Il avait une apparence très joviale, joyeuse, et il était profondément généreux. Je me souviens de son rire, de son sourire, je le revois chanter lors de soirées avec ses amis, arrosées parfois un peu trop. Mais cette lumière naturelle et flamboyante qui émanait de son être était à la hauteur de l'histoire sombre de son grand-père et de sa mère. L'horreur et la lâcheté n'étaient donc jamais loin de lui même s'il a œuvré pour incarner l'opposé, la lumière et le courage.

Je me souviens que j'étais naturellement l'élue pour l'accompagner chez ma marraine le dimanche pour jouer à la belotte avec son mari qui était son meilleur ami, le grand-frère idéal, celui qui vous élève, vous conseille, vous rassure, à l'opposé de ce qu'il avait connu avec le réel. L'illusion répare, un temps, avant de vous anéantir définitivement. Chaque lundi, après l'école, c'était la sortie chez Gam Vert ou Monsieur Bricolage. Je vous l'accorde, ces lieux de sorties ne font normalement pas rêver une petite fille mais moi, dans ces instants partagés avec mon père, juste à deux, j'étais la petite fille la plus heureuse de la terre. En plus de me tenir fière auprès de mon papa qui s'apprêtait à devenir Mac Gyver dès le retour à son atelier, je savais qu'à chaque fois que j'irai ramener le cadi après avoir rangé les achats du jour, une mission de la plus haute importance pour la petite fille aimante que j'étais, il me dirait toujours cette même phrase, accompagnée d'un sourire affectueux « Tu peux garder la pièce, ma chérie ». Je n'étais pas chaque semaine plus riche d'un franc mais plus riche de l'attention de mon père, qui n'était rien qu'à moi et que les rois et reines du quotidien au magasin ne pouvaient plus me voler.

Ma mère, durant mon enfance, était une femme à multifacette. Lorsque je l'observais au magasin face à ses clients, je la voyais souriante, à l'écoute, attentive, patiente. Tout l'inverse de la femme, la mère qui était avec nous le soir et le dimanche à la maison. J'ai le souvenir d'une mère froide et sèche, dure et incisive parfois. J'avais le sentiment que tout l'agaçait, que rien n'allait, que c'était trop comme si ou pas assez comme ça, bref, ce n'était jamais comme il fallait. Son attitude a conforté mon ressenti durant de longues et interminables années que ma mère ne m'aimait pas et que quoi que je fasse, il aurait mieux valu dans tous les cas que je ne naisse pas. Le cordon enroulé au tour de mon cou à ma naissance en était une preuve irréfutable.

J'ai mis du temps, beaucoup de temps, à me souvenir des moments heureux passés à deux avec ma mère. Non pas parce qu'ils n'existaient pas mais certainement parce que j'avais bien trop de colère envers elle. En réalité bien trop d'amour qui n'avait pu être verbalisé et éprouvé. Le dimanche, entre la poussière à éradiquer et le sol à aspirer, nous allions promener nos deux chiens, Voltaire et Djem, respectivement Léomberg et Pointer. C'était, osons le dire, folklorique. Ce n'était pas une balade de tout repos, il fallait sans cesse les cadrer et les réprimander, ce que savait pourtant bien faire ma mère avec ses enfants. C'étaient des moments où j'aurais pu parler avec elle, de choses, de sujets dont on parle entre mère et fille, mais non ou alors je n'en ai pas le souvenir. Je me souviens aussi de ces trajets en voiture pour m'accompagner à mes cours de piano. Nous mettions la cassette de Jacques Brel, son chanteur préféré, dans le magnétophone de sa LN rouge et nous chantions ensemble. Ma mère a toujours aimé chanter si bien qu'elle a plus tard fait partie d'une chorale. Elle me dira des années après la mort de mon père que le chant l'aura sauvée de la solitude. Oui, c'est le chant et l'entreprise à faire vivre qui lui ont permis de tenir debout, mais aussi protéger ses enfants du vice et de l'acharnement familial, ce que je comprendrai un peu plus tard. Ces escapades automobiles chantantes n'auront duré que trois ans. Je suis honnête, je n'étais pas une passionnée de cet instrument musical qui requiert de la rigueur, ce qui m'était déjà trop demandé à la maison par maman. Là encore, je n'étais pas à ma place et ce n'était tout simplement pas fait pour moi. Je préférais déjà les mots aux notes de musique, le langage littéraire m'était naturellement plus familier.

Cette peinture de mon enfance peut donner l'impression d'un couple qui vivait l'un à côté de l'autre sans trop se voir, se considérer, s'aimer… Oh que non ! J'ai compris très tôt que ma mère était bien plus une femme amoureuse qu'une maman épanouie. Ma mère n'est clairement pas la « mère poule » dont on aime décrire les traits de caractère débordant d'amour, même un peu trop parfois. Ce rôle d'épouse lui convenait parfaitement. De l'extérieur, ma mère n'était pas une femme soumise, c'était le bras droit de mon père, ils étaient 24 h sur 24 ensemble dans une dynamique toujours constructive et active, ils avaient trouvé leur équilibre.

Je n'ai jamais douté de l'amour que ressentaient mes parents l'un envers l'autre. Je l'ai vu de mes propres yeux, je l'ai ressenti, je l'ai entendu, tous mes sens ont été éveillés à l'époque face à cet amour fusionnel qu'ils se portaient. Mais la fusion ne laisse présager rien de bon et cet amour pouvait difficilement laisser place à des enfants, même issus du fruit de leur histoire sincère et authentique. Mes parents ont commencé à s'aimer à leurs 14 ans, ils ont continué à grandir ensemble jusqu'à leurs 20 ans, année de leur mariage. Lorsque je regarde les photos de ce jour, images figées en noir et blanc, je les trouve tout simplement somptueux.

Au cœur de cette famille où j'ai le sentiment de ne jamais avoir été à ma place en cherchant à la trouver, où j'ai ressenti très tôt que quelque chose de trouble et de sombre s'était ancré bien des années avant, j'ai eu cette chance de ne jamais douter que le véritable amour existait.

Ma mère m'a dit que papa lui avait révélé très tôt dans leur histoire le secret, il a porté la honte sans pourtant être coupable ni responsable. Ce secret, qui rejaillissait de temps en temps lors de réunions familiales subies et d'altercations provoquées par mon oncle, sera toujours présent, sournoisement, et viendra me cueillir sans dire les mots.

Chapitre 3
L'oppression des générations

Il est temps de vous parler plus longuement de ma grand-mère paternelle. C'est elle qui m'a transmis le secret sans jamais le nommer ni le raconter, puisqu'elle fut aussi un silence dans le secret. Elle l'a imprégné en moi à petit feu sans que je n'aie rien demandé, avec des mots qui n'étaient pas clairs, des phrases, des discours, des monologues, où n'avait de cesse de régner l'ambiguïté, l'a peu près. Je n'avais qu'une dizaine d'années, comment aurais-je pu décrypter que derrière ces mots anodins et ces regards fuyants, se cachaient une réalité, des faits du passé, toujours présents, qui allaient me bouffer, me grignoter à l'intérieur quelques années plus tard après la mort de mon père et redoutablement encore plus violemment à sa mort à elle.

En attendant mon entrée en enfer, c'est bien moi qui passais mon temps à manger. Ce n'est pas une révélation que de dire que quand un enfant grignote et se gave de sucreries, c'est parce qu'il y a un manque affectif à combler, à apaiser. Oui, mes parents n'étaient pas là les mercredis après-midi, les samedis et à l'heure du goûter. Oui, ma grand-mère, mamie Yvette, était bien présente lors de tous ces moments manqués par mes parents et elle n'oubliait pas de m'approvisionner de victuailles douces et réconfortantes.

Mamie Yvette n'était pas uniquement là que durant ces moments stratégiques de la vie d'un enfant, elle était là tout le temps, constamment, interminablement. Elle était perpétuellement présente car sa maison était collée à la nôtre. Notre maison que papa avait construite durant les dimanches de mes premiers mois de vie était l'ancienne grange qui bordait la demeure de mes grands-parents paternels. À la mort de mon grand-père lorsque j'avais 4 ans, ma grand-mère est bien évidemment restée à nos côtés et mes parents prenaient soin, sans aucun reproche ou remarque, de payer tous les frais et lui permettre de vivre au quotidien sans aucune inquiétude matérielle et affective. L'intégralité de la maison appartenait à mes parents depuis qu'ils l'avaient rachetée, et ma grand-mère conservait l'usufruit de la partie qu'elle occupait. Mais elle s'était approprié notre espace et sans requête initiale, elle a pris la place, trop de place. Ainsi, les journées se suivaient et se ressemblaient, malheureusement, avec des rituels ancrés. Mon père prenait son petit-déjeuner avec elle dans sa salle à manger et ma grand-mère pressait un pamplemousse pour le petit-déjeuner de ma mère, qui ne le lui avait jamais réclamé et qu'elle prenait seule en bout de table dans notre salle à manger. Ce n'était pas une demande de ma mère mais elle le buvait quand même mécaniquement chaque matin. L'emprise se dissimulait subtilement dans des petits actes du quotidien. Je ne sais pas si cela vient de cette habitude mais j'ai toujours détesté le pamplemousse… trop amer. Tous les midis, le magasin fermait entre 12 h et 14 h, mes parents rentraient manger avec nous… et avec ma grand-mère, les mercredis, samedis et dimanches midi. Quant aux soirs, ils n'échappaient pas à la sempiternelle présence de ma grand-mère jusqu'au jour où, muée par un instinct de survie, un « ras le bol », ma mère a dit STOP ! Et pour cela, je la remercie. Car oui, c'était le seul moment où nous pouvions nous retrouver seulement tous les cinq, juste pour être ensemble, même si nous n'échangions pas vraiment. De ces repas partagés, je me souviens surtout que le traiteur charcutier faisait de bons petits plats soigneusement préparés et agrémentés pour les gens qui, comme mes parents, travaillaient toute la journée jusqu'à tard le soir et qui n'avaient ni le temps ni l'envie de cuisiner pour leurs enfants. Oui, je ne fais pas partie des petites filles qui ont fait des gâteaux ou des tartes avec leur mère mais j'ai toujours eu à manger, sans me soucier ni de la quantité ni de la qualité. Alors je ne vais pas faire la fine bouche, ce serait un caprice de pauvre petite fille riche. S'il y a bien eu un traumatisme familial, il est bien caché ailleurs et pas dans l'absence de créativité pâtissière avec ma mère.

À partir de mes 6 ans, j'ai commencé à prendre du poids, d'une manière anormale comme qualifie les nutritionnistes. Pas du tout un problème génétique ou une maladie chronique, qui elle s'installera quelques années plus tard. Je mangeais sans retenue, en toute honnêteté. Mes frères pouvaient manger n'importe quoi sans prendre un gramme. Il n'y a pas de justice non plus dans l'enfance pour les insouciants, c'est ainsi. Ma mère n'a pas fait l'autruche envers la grosse fille que je m'apprêtais à devenir. Ma mère est franche et directe donc la douceur dans l'approche n'a pas été de mise, elle a affiché la couleur dès le départ afin de reprendre en main le corps de sa fille. Pour moi à table, les frites, s'en serait fini ! Le pain et tout autre aliment qui pouvant nuire à ce premier combat, idem ! Je me souviens que chacun avait le droit à son aliment « doudou » de prédilection : mon frère aîné le chocolat Crunch et les bonbons Kréma. Mon autre frère, c'était le chocolat Milka et les gâteaux Délichoc. Papa, c'était le chocolat Lindt et la pâte d'amande qu'il picorait la nuit… Oui, mon père se levait chaque nuit, environ vers 3 h du matin pour lire le journal dans le salon quelques minutes pas loin de sa tablette où reposait sa pâte bien grasse mais si bonne. Cela durait quelques minutes, le temps d'être suffisamment armé pour attaquer la deuxième partie de la nuit. Le jour où il ne s'est plus levé pour honorer ce rituel, c'était le commencement de la fin. Quant à moi, rien. Juste le vide que je m'employais à combler avec la complicité vicieuse de ma grand-mère. Première guerre déclarée entre ma mère et elle : la nourriture donnée à la petite dernière un peu boulotte mais non moins charmante. Il est difficile de reprocher à une grand-mère d'acheter des sucreries et autres douceurs à ses petits-enfants. Mais je sais aujourd'hui ce qui se jouait, un jeu bien dangereux, et j'étais déjà l'objet d'une pièce de théâtre où on allait me donner le premier rôle alors que j'aurais préféré juste être une figurante.

Ma mère n'était pas dupe. Elle ne me donnait pas d'aliments qui pouvaient me faire grossir et pourtant à chaque pesée, le nombre sur la balance augmentait. Oui, je précise, chaque dimanche matin, je n'y échappais pas. Dès le levé, c'était la montée sur la balance, en présence de ma mère, face à moi, debout, devant la porte pour que je ne puisse pas m'évader, j'étais fébrile et tellement consciente de la réalité, j'étais grosse et cela ne lui convenait pas. La déception et la colère de ma mère étaient toujours les mêmes et elle ne cherchait pas à les dissimuler. Et moi, chaque fois, j'avais le sentiment que je n'étais décidément pas digne d'être aimée. Chaque samedi soir avant d'aller me coucher, j'avais la boule au ventre à l'idée de devoir affronter la balance et surtout le regard noir de ma mère qui n'avait pas besoin de mots pour exprimer tout son agacement rempli de colère. Mon poids n'était pas une préoccupation pour mon père, en tous cas, pas assumé face à moi. Et c'était bien mieux comme ça, ma mère le faisait pour deux. J'ai le souvenir d'une scène qui m'a marquée et à laquelle je pense encore parfois, sans que cela m'atteigne aujourd'hui. Ma grand-mère cachait dans ses placards et tiroirs des trésors pour la petite fille frustrée que j'étais : des bonbons que j'aime toujours autant. Je me souviens précisément du type de sucreries, c'étaient des frites, des jaunes, des rouges et des oranges, bien acides et qui vous font faire une drôle de grimace dès que vous les mettez sur la langue. Une fois n'est pas coutume, j'ai plongé ma main dedans, ma grand-mère juste à côté, et je n'ai pas entendu ma mère arriver derrière. Elle m'avait prise pour la première fois en flagrant délit et j'étais face à son visage : l'expression laissait paraître une des pires émotions pour une petite fille face à sa maman, la déception. J'aurais préféré de la colère, qui m'était plus familière venant d'elle mais c'était bien la déception que ressentait ma mère face à mon acte impardonnable. Je lui avais fait l'affront de plonger la main dans le mal, c'était indéfendable, et avec la complicité vicieuse de sa belle-mère. Elle a fait demi-tour sans rien dire, le silence peut être ce qu'il y a de pire. Je n'ai pas fui et je suis allée la rejoindre, chez nous, juste une porte à passer, devant la cheminée. J'étais tellement désolée… non pas des bonbons cachés que je m'apprêtais à manger mais du mal qu'elle avait brutalement ressenti à cause de moi parce que oui, si elle était malheureuse, c'était toujours à cause de moi, je n'étais pas aimable, j'en étais intimement convaincue. À ce moment-là, elle a été terriblement déçue, ou peut être simplement triste. Ce n'est pas la même chose. Je ne le saurai jamais parce que cela appartient à un lointain passé et qu'elle ne s'en souvient pas. J'ai vite compris qu'en tant qu'enfant, on est marqué par des situations, par des paroles qui pour les adultes protagonistes de ces faits, ne sont que des passages furtifs d'un quotidien bien ordinaire.

Ce qu'il reste de ce moment qui peut sembler anodin, c'est que les bonbons sont mon péché mignon, éternel, le capital. Notamment les carambars aux fruits, que je déguste à présent en tant qu'adulte dans l'ordre de préférence : d'abord le citron, puis la fraise, après l'orange et enfin la framboise à laquelle j'ai fini par m'habituer et que j'ai fini par apprivoiser. J'ai bien conscience que j'ai l'air d'une folle quand je choisis minutieusement mon paquet dans le magasin car je veille en toutes circonstances à choisir un sachet qui semble contenir plus de parfums citron et de fraise en laissant peu de place à la framboise. L'orange paraît n'être qu'une option. L'idéal serait qu'il y ait, comme pour tout, un équilibre entre chaque goût. Mais il faut faire des choix de vie et même si celui-ci semble incontestablement secondaire, sa futilité m'est essentielle et rassurante. Peut-être parce qu'aujourd'hui, à mon âge, je m'octroie avec plaisir le droit d'acheter ce paquet qui m'a été des années refusé. J'en suis heureuse mais mes dents beaucoup moins.

Derrière le chiffre hebdomadaire qui grimpait sur la balance, ma grand-mère était encore là, tout le temps là. Elle contribuait à l'avancée du poids que j'étais et au sien qu'elle me préparait à porter.

À cette période, je souffrais bien plus de la déception de ma mère lorsqu'elle me regardait que des kilos en trop que je portais au quotidien. L'école primaire n'a pas été une épreuve, j'avais des copains et des copines gentils et qui ne me faisaient pas de remarques désagréables sur mon physique. Je ne me sentais pas mal dans mon corps, ce n'était pas un problème. Mais comme pour beaucoup d'adolescents qui ne rentrent pas dans la norme créée par une société elle-même en souffrance, le collège a été un cauchemar et là, c'est bien devenu un problème pour moi puisque cela l'était pour les autres. Un cauchemar quotidien dont je ne parlais pas à la maison. Ne surtout pas déranger, inquiéter. Je voyais déjà très peu mes parents alors si en plus je leur avais parlé de mes soucis de petite grosse, j'aurais eu encore plus l'impression de les perdre. On veille à protéger nos parents, même lorsqu'on leur en veut inconsciemment, comme tout enfant.

Je me suis rendu compte grâce à certains témoignages d'enfants des jeunes générations que ce que j'avais vécu et subi était du harcèlement et parfois de l'humiliation. Je me dis que j'ai été épargnée dans un sens en n'ayant pas eu une enfance contrôlée et malmenée par les réseaux sociaux. Mon expérience aurait été bien pire et je ne sais quelle aurait été ma réaction face à la méchanceté répétée et diffusée infiniment. Je me dis que dans mon malheur partagé par tant, trop, d'autres enfants, j'ai finalement eu beaucoup de chance.

Ma mère me dit parfois qu'elle a essayé « de me tendre des perches » avec papa pour que j'en parle, j'avoue ne pas en avoir souvenir. Le fait de me taire me donnait l'illusion que cela n'existait pas, que ces mots méchants n'étaient pas prononcés et que je pouvais continuer à vivre dans mon univers imaginaire où tout le monde était gentil et heureux.

J'aimais tellement ma grand-mère, mamie Yvette. À cette époque, il y a de cela plus de vingt-cinq ans, je ne savais pas ce qu'il y avait derrière cette femme, son attitude, ses comportements. J'avais un regard d'enfant, naïf, pur, qui sauve de tout. Elle était celle qui était là toutes ces journées dans cette grande maison peu animée. Elle était là lors des joies et des peines spontanées, lors des petits bobos imprévus, quand je rentrais de l'école. Mais elle était là aussi quand il aurait fallu qu'elle s'efface. Elle avait cette manie de rentrer sans frapper dans notre espace où l'on se retrouvait trop peu souvent à cinq. Elle n'avait pas la délicatesse et l'élégance de se demander si peut-être nous avions juste besoin de nous retrouver, entre parents et enfants. On peut légitimement croire que ma grand-mère était issue d'une époque où toutes les générations vivaient ensemble et qu'il était normal de tout partager. Mais son intention n'était pas si altruiste et il y a bien longtemps qu'elle avait commencé à tisser sa toile, autour de mon père, de ma mère, de mes frères et de moi, sa petite fille pour qui elle avait un projet bien défini dès le départ : je serai son bâton de vieillesse et je l'accompagnerai jusqu'à son dernier jour. Ma place serait d'être auprès d'elle, avec une abnégation totale de mon être, de mes aspirations et de mes rêves de vie. Mais je ne le comprendrais que très tard. Il aura fallu la mort pour ouvrir la boîte de Pandore.

Mamie Yvette avait tout le temps besoin de savoir ce que je faisais, dans quelle pièce de la maison j'étais. Il fallait qu'elle ait « l'œil » sur moi. Un besoin viscéral de tout savoir, tout contrôler, tout mener, tout décider pour ne pas sortir du chemin qu'elle avait tracé pour moi, être à ses côtés, à toute épreuve, avec compassion et écoute attentive.

Comme mes parents, mes grands-parents paternels s'aimaient, peut-être pas comme il faut mais leur histoire s'est fondée sur un véritable amour. En connaissant aujourd'hui l'histoire de ma grand-mère, les conditions autour de sa venue au monde et des années qui ont suivi, je me dis que mon grand-père Marius a eu lui aussi un rôle réparateur, notamment dans la figure paternelle que peut parfois représenter un mari. Mais lorsque mon grand-père Marius a découvert ce que sa femme avait manigancé secrètement avec son autre fils, Jacques, le frère aîné de mon père, un autre spécimen, la maladie et le cancer ont pris place pour le conduire d'une manière foudroyante vers la mort. Ce qu'il avait appris et compris n'était plus vivable et cela en était devenu un poison mortel. Marius avait en effet brutalement pris conscience que sa femme œuvrait en prenant soin de tout dissimuler pour cacher les manigances vicieuses et perfides de son fils aîné qui vibrait lui-même le mal et dont il émanait de la putréfaction. Le problème profond est que la malhonnêteté couplée d'Yvette et de Jacques avait le pouvoir de nuire, de blesser, de détruire. Des histoires d'argent, de manipulations et de mensonges, toujours, avec tout le monde. La seule personne qui aura été aux côtés de papy Marius lors de son dernier souffle, c'est mon père, une deuxième version de l'homme qu'était mon grand-père, son modèle. Un vaillant et bienveillant modèle.

Mamie Yvette ne m'a jamais trop parlé de sa relation et de son histoire avec Papy Marius. Je n'ai pas le souvenir de lui avoir posé des questions non plus. Mais ce dont je me souviens, c'est ce qu'elle me disait sur son père qu'elle n'a jamais nommé. Elle m'en parlait lorsqu'elle était témoin de l'amour inconditionnel que je portais au mien, son fils, le dernier de ses trois enfants, Yves.

Avant de vous parler de son père et de ce qu'elle m'en a dit, il faut comprendre son histoire de jeune mère. Elle a d'abord eu un premier fils, Jean-Marie, qui est mort à quelques mois de la tuberculose. Peu de temps après ce drame qui marque et traumatise à tout âge et toute époque, perdre un enfant a été, reste et demeurera une atrocité de la vie, elle a eu une fille, Nicole. Cette dernière commencera les premières années de sa vie habillée de noir, avec pour rôle de porter le deuil, au regard et à la vue de tous. Se construire sainement dans de telles conditions, on peut aisément comprendre que c'est compliqué. Il aura fallu que des gens, constatant que ce deuil morbide n'avait pas de fin, disent à ma grand-mère qu'il était temps que cela cesse pour que le calvaire de sa fille se termine. Puis vint le garçon, celui qui allait remplacer le petit mort. Cet homme est aujourd'hui mon oncle, uniquement d'un point de vue filial. Je pourrais déjà vous dépeindre l'homme monstrueux qu'il a été mais je vais attendre un peu. Il a été trépané quelques mois après sa naissance, j'ose dire contrairement à beaucoup qui ne se prononceront pas pour diverses raisons qui leur appartiennent que cela explique que c'est un malade psychiatrique et que ses comportements inqualifiables relèvent de la pathologie. Je n'ai jamais eu aucun doute que son cerveau avait été atteint et qu'au-delà d'avoir été dès le premier jour de sa vie un enfant de substitution et donc pas aimé pour ce qu'il était, sa folie dévastatrice et destructrice s'expliquait par le fait que son cerveau, en construction, avait été profondément et inaltérablement endommagé. Cela n'excuse en rien ce qu'il a été ni ce qu'il a fait tout au long de sa vie mais cela peut l'expliquer. Face à l'ignorance et à la bêtise sans limite, on a souvent besoin de comprendre et de trouver une cause rationnelle. Je préfère croire en cette cause car tant d'acharnement à détruire, à manipuler et à blesser semble être hors de portée de la conscience.

Chapitre 4
Une empathie qui s'imprègne de tout

Gentille. C'est indéniablement ce que j'étais, une petite fille gentille. Et je suis aujourd'hui une femme toujours gentille qui veillera à le rester même si je dois reconnaître que je n'ai aucun effort à faire pour l'être puisque cette caractéristique humaine fait partie intégrante de ma nature. Et je tiens bien à employer le mot gentil et non bienveillant. Il a en effet toujours été d'usage de penser qu'être gentil c'est être trop con, trop naïf, faible et fragile. Les gens préfèrent dire bienveillant, c'est plus noble, plus valorisant, alors qu'en réalité, ces deux mots veulent signifier une même valeur humaine fondamentale. Ce n'est pas ringard d'être gentil, bien au contraire, dans un monde où il est tellement plus facile d'être bête et méchant. Je suis et serai toujours fière et heureuse de dire que je suis gentille et que cela fait du bien, à moi et à ceux que je rencontre sur mon chemin de vie.

Ce qui me confirme dans l'idée que la gentillesse aura toujours une puissance salvatrice, c'est une facette de moi récurrente qui s'exprime dans ma vie personnelle et professionnelle, notamment face à mes étudiants. Très souvent, la première caractéristique qu'ils évoquent quand il s'agit de qualifier ma façon d'être avec eux, c'est que je suis gentille. Je me suis souvent dit que sous les apparences d'une jeune génération sûre d'elle et n'ayant peur de rien, j'étais face à des jeunes qui devaient trouver le monde dans lequel ils grandissaient bien brutal et dur pour retenir avant tout ma gentillesse. C'est bien qu'elle devait manquer et qu'elle était plus que jamais nécessaire pour se construire dans la confiance en soi, du monde, en la vie.

La gentillesse va souvent de pair avec la sensibilité. Une extrême sensibilité en ce qui me concerne. Certains pensent que cela est un don et qu'il peut permettre de réaliser de grandes œuvres pour soi, pour l'univers. Je le crois. Mais quand on est un enfant, que l'on n'a pas conscience de cela, que l'on n'a pas les armes, les outils pour gérer sa trop grande émotivité face à la brutalité du monde et aux épreuves de la vie, cette sensibilité qui vous colle à la peau peut se révéler être violente à ressentir, à gérer et à vivre. Je me rends compte à présent, en tant que femme adulte, que je voyais tout, je ressentais tout des autres, à travers leur regard, l'expression de leur visage, et des choses inconscientes qui émanaient d'eux. Et leur souffrance m'était généralement insupportable car je n'arrivais pas à dissocier leurs émotions des miennes. J'étais impuissante et j'étais bien incapable de le formuler. Cette empathie, j'ai le sentiment de l'avoir eue en moi dès le premier jour de ma vie. C'est aujourd'hui à 40 ans une grande force, une force saine, qui me permet d'aider les personnes de mon entourage et qui en ont besoin à un instant T, sans que cela m'oppresse, me pèse ou me fasse du mal. Je reçois autant que je donne et c'est une sensation merveilleuse, qui vous élève, vous révèle à vous-même. Mais cela n'est possible maintenant qu'après des années de travail personnel, d'introspection, de remise en question, de cheminement intérieur, seule et avec l'aide de belles âmes rencontrées au moment opportun sur ma trajectoire. On ne sauve pas les gens à leur place mais on peut les aider, les accompagner, les guider si une partie d'eux-mêmes, même infime, le désire intimement, puissamment. Je me suis sauvé, mais pas seule. Chacun de nous a des ressources insoupçonnables qui ne peuvent se manifester que face à l'insupportable, qui nous paraît bien insurmontable. Mais j'ai vaincu non pas grâce aux membres de ma famille qui ont plutôt été la cause du mal et du chaos. Ce qui n'est plus le cas à présent. La famille est seulement et simplement une composante de ma vie, ni plus ni moins, chacun a sa place et j'ai décidé qu'elle était la mienne, librement.

Mon empathie s'est très tôt révélée avec ma grand-mère. Elle me racontait peu de choses mais je ressentais bien qu'il y avait une faille, une énorme faille que rien ne peut réparer, à part moi. À chaque mot qu'elle prononçait, je m'en rends compte aujourd'hui avec le recul et un regard extérieur d'adulte, qu'elle me transmettait la violence de son histoire, une douleur trop lourde à porter, impossible à vivre, ni pour elle ni pour mon père que cela a fini par tuer. Jusqu'au dernier jour de la vie d'Yvette, il lui faudrait quelqu'un qui épongerait ce mal sans le nommer, et qui porterait le deuil de toutes ces cendres dont son père était complice. Il fallait une douce et pure âme pour supporter sans le savoir ce qui avait été commis par son paternel il y a à peine une moitié de siècle.

Quelques mots de ma grand-mère revenaient dans nos discussions de prime abord anodines. Elle me disait, en accomplissant en même temps une tâche futile de la vie quotidienne « Tu sais Carole, mon papa, il avait de beaux bureaux à Paris et il travaillait pour l'État, pour la France. J'allais le voir de temps en temps… ». Je n'ai jamais posé de questions afin d'avoir des précisions pour mieux comprendre, même si ce qu'elle me disait n'avait aucun sens et que moi aussi, à travers mes yeux de petite fille aimante, j'avais un papa qui avait un beau bureau. Certes, il ne travaillait pas directement pour l'État et pour la France mais je considérais qu'il travaillait beaucoup pour de nombreuses personnes et moi aussi j'allais le voir de temps en temps. Les monologues de ma grand-mère, ces bribes d'histoire personnelle, marquaient le début de mon infiltration non voulue et bien subie dans la macabre histoire familiale. J'étais à présent complice, je ne pouvais rien y faire et il me faudrait dès mon plus jeune âge porter les tas de cendres du passé, éternellement présentes.

À partir de ce moment-là, ma vie, mes choix, mes rencontres étaient conditionnés. Je ne serai maître de rien, il me faudrait subir, souffrir, éponger la souffrance d'autrui, sans rien comprendre, juste apprendre, sans en avoir conscience.

Lors de ma dernière année de collège, ma 3e, j'approche de mes quinze ans et mon père est malade. Nous ne savions pas encore que c'était en cancer du pancréas, comme son père, onze ans plus tôt. Je pense que mes parents, aussi bien ma mère que mon père, avaient bien la sombre idée en tête que ce n'était pas qu'une simple pancréatite et que papa souffrait d'un mal plus profond qui finirait par clairement se manifester auprès des médecins, puis de nous, sa famille. Mon père était le portrait de mon grand-père, pas particulièrement sur le plan physique mais dans le tempérament, le comportement, l'attitude, les gestes. Il s'était approprié ce qui caractérisait son père durant sa vie alors il n'était pas étonnant qu'il s'encombre également par solidarité familiale de ce qui avait marqué sa mort dix ans plus tôt.

Heureusement, du haut de mes 14 ans, je n'avais pas conscience que cette maladie que je trouvais déjà fort peu sympathique allait déboucher sur un cancer meurtrier. Je voyais bien que papa était fatigué, que son humeur était changeante et que la patience au quotidien lui faisait défaut. Mais c'était bien naturel pour moi puisque j'avais toujours connu mon père dynamique qui ne supportait pas l'inaction, sauf devant du sport à la télévision, que ce soit le football, le rugby ou l'équitation. C'était un sagittaire, un passionné, un idéaliste aimant l'aventure. Alors tout ce qui le renvoyait à un état d'inertie l'angoissait. Cela devait lui laisser le temps de réfléchir sur ce qu'il se passait réellement en lui et autour de lui et ça, au-delà d'être inenvisageable, ça lui était insupportable. Idéalement pour lui, il fallait fuir mais il a très vite compris qu'il n'était plus le plus fort et qu'il fallait subir, et bientôt le pire.

Cette année, au cœur de mon adolescence et avant que mon père déclare officiellement son cancer en juillet, a été marquée par des allers-retours à l'hôpital, du plus près et petit à celui de la grande ville la plus proche, Bordeaux, ce qui ne laisse jamais pressentir quelque chose de bon. Cette ville avait d'ailleurs vu naître l'origine du mal familial paternel en 1900. Papa maigrissait à vue d'œil, moi c'était l'inverse, un besoin de compenser ce qui partait d'un côté, peut-être, ou pas. Manger réconforte en toutes circonstances et là j'avais une excuse pour le faire, prétexte dont je me serais bien passé évidemment. Je l'avais toujours connu en bonne forme. Pas gros, juste bon vivant et bien en chair, fort agréable quand j'étais blottie contre lui dans le canapé pour regarder les films de cape et d'épée avec Jean Marais qu'il affectionnait. C'est quelque chose qui m'est resté de lui. Je lui ai laissé en revanche les westerns qui me laissaient perplexe. Je continuais malgré tout ma vie de collégienne, contexte de vie quotidien bien peu agréable mais qui avait au moins le mérite de me faire oublier que pour papa, ce n'était pas la grande forme. Quant à mes formes, je les avais toujours et certains ne s'empêchaient pas de me le rappeler dans les couloirs et salles de classe. Comme pour le reste, je n'en parlais pas. J'avais déjà le souci de ne pas indisposer mon entourage de mes préoccupations existentielles et de mes états d'âme sur l'atrocité de la vie dont j'avais l'impression qu'elle m'en voulait de quelque chose… le germe devient du chiendent, le secret ne me laisse aucun moment de répit.

Un soir d'hiver, en novembre, mois d'anniversaire de mon père, le collège avait organisé une rencontre. Une rencontre qui m'a marquée à vie, qui a imprégné profondément sur mon corps et mon esprit une marque indélébile, que vous portez à vie, avec regret, ou non, avec choix ou acceptation, pour ne pas oublier. C'était l'année où en cours d'histoire, j'étudiais la Seconde Guerre mondiale. Les combats, les soldats, les relations entre les pays, les alliés et les ennemis, les Français et les Allemands, les nazis et les résistants, Pétain et le gouvernement de Vichy. Et cette petite dame, toute vieille et si douce, avec une petite voix, mais ses mots je les ai entendus, ils ont raisonné très fort en moi. Ils faisaient écho à quelque chose de mon histoire, sans le savoir… mais à quoi ? Ce n'était pas conscient mais ce jour-là, tout mon être a accueilli et imprimé l'invivable, l'inacceptable, l'impensable. J'étais au centre de ces lignées de chaises où toutes les classes de troisième étaient assises. Elle était face à nous, accompagnée d'une femme qui l'aidait à marcher, qui lui tenait le bras, qui l'accompagnait, d'un point à un autre. Elle nous a raconté sa vie, son quotidien de jeune femme dans les camps. Pas les camps de vacances que je connaissais bien pour y aller chaque été, seule sans mes parents, mais les camps de concentration, d'extermination, où l'on déshumanise, où l'on achève, sans foi ni loi. Cette petite dame, elle, y était allée, avec ses parents, mais aucun d'eux ne l'avait choisi. Une vie bien différente de la nôtre à son époque, une tragique destinée. Juste parce qu'elle était juive. J'avais fait du catéchisme, je connaissais l'existence et l'histoire des religions monothéistes mais il n'avait jamais été évoqué le sort de la communauté juive, les cruautés dont ils avaient été victimes cinquante ans plus tôt. Au-delà de cette discrimination religieuse, je n'avais jamais personnellement fait face à la discrimination liée à une ethnie, à une couleur de peau ou à une origine sociale. J'ai grandi dans une petite ville « sans problèmes » et il est vrai que quand je me remémore cette période, je constate que j'évoluais dans un contexte très homogène où finalement nous nous ressemblions toutes et tous beaucoup. J'ai eu deux amis dans mon enfance avec des origines étrangères et avec une couleur de peau différente de la mienne, Gaëlle d'Espagne et de Madagascar et Sarah qui était métisse car son père était des îles françaises. J'ai très tôt été attirée par les êtres qui étaient différents de moi. J'en rêvais, moi, d'être originaire d'un ailleurs, certainement pour m'évader d'un ici qui ne laissait présager rien de positif à l'avenir. Quand je vois aujourd'hui l'ampleur négative des discriminations humaines, je me dis que si en plus d'être grosse, j'avais été arabe ou noire, juive ou musulmane, la vie aurait été encore bien plus compliquée, c'est une réalité. Dieu m'avait faite catholique blonde cendrée aux yeux bleus, avec la peau très claire et un teint diaphane qui lui ne me quittera jamais. J'aurais été une parfaite petite Aryenne pour les nazis de l'époque, un modèle de perfection qui m'aurait sauvée d'une destinée atroce mais rendu involontairement complice d'un des pires crimes contre l'humanité. Et mes parents m'avaient dotée de ce joli prénom, Carole, d'origine germanique, dérivé de Karl. J'étais donc certes grosse, mais le reste, rien à redire, j'aurais été sauvée par la perfection attendue de l'époque nazie.

La vie dans ces camps, sa vie dans ces abattoirs… un cauchemar si bien que l'on se dit quand on est une petite fille, que ce ne peut pas être la réalité parce qu'il n'y a que dans les nuits où les rêves s'absentent un temps pour laisser place à l'horreur, mais juste de temps en temps, que cela peut arriver. Mais son récit était si précis, les détails si limpides que tout cela, tout ça, ça ne pouvait pas être issu de son imagination, de ses cauchemars bien à elles. Non c'était bien sa réalité, la vérité et celle de sa communauté. Les étoiles, dans ce temps-là, ne veillaient pas à une douce quiétude partagée, éternelle et inconditionnelle, non, elles envoyaient malgré elles des petites et des vielles âmes dans des camps, où on affame, on humilie, on méprise, on gaze, on brûle jusqu'à réduire en cendres lorsque les corps squelettiques ne sont pas jetés dans des fausses creusées, dédiées à l'innommable. Où des « on » sont des êtres à l'aspect humain qui assassinent froidement mais consciencieusement des êtres rendus à l'état de choses.

Je ne me souviens pas de son prénom, c'est le seul élément que j'ai oublié, pourtant le symbole de son identité, de sa singularité, de son unicité d'être humain. Son prénom, son nom qu'on lui ôtera dans les camps pour lui donner un numéro, pour la rendre insignifiante, parmi d'autres. Mais cette grand-mère, je ne l'ai jamais oubliée. Je vois encore plus de vingt ans plus tard son visage, son sourire, ses hésitations, son regard parfois fuyant se perdant dans l'horreur passée, parfois présente à nouveau, à jamais. Je me souviens de ses mots, qui m'ont bouleversée. Je me souviens de mes larmes, qui coulaient, sans s'arrêter, que je ne pouvais contrôler, impossible à cacher. Ce jour-là, tout mon être me faisait signe que quelque chose d'important se passait et m'accompagnerait jusqu'au bout, à toute épreuve que la vie s'apprêtait à mettre sur mon jeune et fragile chemin. J'étais liée à cette femme, à son histoire, à notre histoire. Personne ne le savait, ni moi, ni les autres enfants dans la salle. Mon père, ma mère, ma grand-mère, eux savaient. Mais à mon retour, touchée et fébrilement émue, personne ne m'a toujours rien dit. Ce n'était pas le moment, papa allait mourir quelques mois plus tard, en emportant ce qu'il n'était pas bon de révéler mais en me laissant ce lien, à jamais.

Chapitre 5
La clé de l'énigme disparaît

Ma dernière année au collège ressemblait à toutes les autres avec une seule différence, mon père était malade et les mois passant, cela n'avait pas l'air de s'arranger alors qu'il y aurait dû y avoir une fin, son père ne peut pas mourir quand on a 15 ans. Une fin, il y en a bien eu une mais pas celle espérée. Brutalement, un vendredi matin du mois d'août, la maladie a mis fin à sa vie. En me rapprochant sans le savoir de ce moment où mon existence ne serait plus jamais la même face à l'absence du véritable héros de ma vie, je continuais à me rendre au collège en bus le matin et revenir en fin d'après-midi, par le bus aussi. Le quotidien dans ma classe me rappelait que je n'appartenais pas au style de filles que l'on regarde parce qu'elles sont jolies, mais honnêtement, je n'ai pas le souvenir que cela me faisait du mal. Je n'avais pas connu ce que c'était d'être mince, plaisante, attirante alors je ne pouvais pas être frustrée d'un état que je ne connaissais pas et dont je n'avais jamais au préalable éprouvé les aspects agréables et valorisants. Mes copines de classe étaient particulièrement mignonnes, avec des formes bien placées, des traits fins et parfaitement conscientes de leurs atouts et de leurs effets sur les garçons, les premiers concernés étaient ceux de notre classe. Mais je mentirais si je disais avoir été le bouc émissaire de critiques ou de remarques désobligeantes ou humiliantes au sein de ma classe. Dans mes souvenirs, et je crois que ce fut la réalité, mes camarades me considéraient comme leur amie. J'étais invitée aux anniversaires, juste pas sélectionnée dans l'équipe formée pour un match de quelconque sport collectif. Et oui la petite grosse, elle ne court pas très vite et elle se traîne, elle ne fait donc pas gagner. Mais déjà, toute jeune, j'étais la confidente. Depuis petite, je n'ai jamais eu à me battre pour que l'on me fasse confiance et que l'on se confie à moi. Même s'il aurait pu être légitime à nos jeunes âges de croire que je ne pouvais pas comprendre les problématiques de couple avec les garçons pour n'y avoir encore jamais été confrontée, je n'étais jamais la dernière à qui les copines racontaient que Nicolas ou Pierre étaient sympas mais un peu cons et que finalement il aurait mieux fallu choisir Mathieu qui était certes moins beau mais plus drôle. Je n'ai sincèrement jamais été jalouse ou envieuse de Stéphanie, Coralie, Davina ou Maylane, je me souviens encore d'elles vingt-cinq après. Je me remémore qu'elles étaient à la sortie de la cathédrale le jour de l'enterrement de mon père. Je ne me posais même pas la question de pourquoi je ne pouvais pas vivre ces histoires d'amour naissant, j'avais la réponse qui était finalement très simple à trouver et à comprendre : je n'avais pas un joli corps, pas un corps désirable et j'avais beau être gentille et rigolote, je n'étais pas de celles dont un garçon est fier à ses côtés, à cet âge où l'apparence et ce que pensent les autres ont valeur de loi. On ne sort pas avec une grosse, ou dit de manière plus politiquement correcte, avec une fille aux rondeurs, quand on est un garçon stylé, branché et tendance. On sort avec la fille qui a un super cul, une poitrine que l'on remarque non pas pour son absence mais sa prédominance et avec de beaux cheveux, en mouvement perpétuel, marque d'une sensualité certaine. J'avais eu beau me rêver en Manon des sources durant toutes ces années, il fallait bien reconnaître que je n'étais pas aussi jolie qu'elle, malgré mes longs cheveux ondulés blonds et mes grands yeux bleus. J'avais indéniablement 20 kilos en plus, certainement en trop. Il manquait l'essentiel pour les garçons, un corps qui réveille les sens, excite les hormones, que l'on a envie de toucher, de caresser et de lui faire l'amour, avec maladresse mais entrain.

Une scène m'a marquée, même profondément blessée, durant mes années collège. Ce sont bien les mots d'un seul garçon, quand j'étais en cinquième, j'avais à peine 12 ans, qui m'ont poursuivie longtemps après, trop de temps. Ce garçon, Pierre, un grand brun aux yeux verts, savait que je le trouvais beau et que j'étais secrètement amoureuse de lui. Cette fois-ci, le secret n'avait pas été gardé. C'était la première fois que je ressentais cette sensation et c'était un ressenti puissant, qui élève, avant de vous projeter violemment au sol en quelques mots froidement prononcés par l'intéressé. Cette information, dont il aurait mieux fallu qu'elle reste secrète, un secret salvateur dans ce cas-ci, lui a été rapportée par je ne sais plus qui. Il n'a cessé par la suite de me regarder avec des yeux moqueurs qui signifiaient dire « Tu t'es bien regardée, tu crois vraiment que je pourrais m'intéresser à une fille comme toi ? ». J'avais bien décrypté ce que ses yeux disaient puisqu'un midi au réfectoire, à l'heure de déjeuner, il a balancé avec un ton rieur et satisfait des mots qui semblent anodins mais qui peuvent abîmer pour une durée indéterminée. Le moment de la pause de midi est cruel car c'est le moment où les gros sont particulièrement observés puisqu'il est d'usage de penser qu'un gros passe son temps à bouffer et que c'est d'autant plus drôle à scruter durant les phases quotidiennes de moments dédiés à cela. Ainsi ce Pierre m'a balancé, en présence et avec le regard complice et flatteur de ses copains aussi stupides que lui, « Non mais tu t'es vue ? Tu crois vraiment que je pourrais m'intéresser à un gros boudin comme toi ? » Je me dis finalement de longues années après qu'il ne m'a pas tant traumatisée que cela puisqu'aujourd'hui et depuis la première fois que j'ai goûté, sans préjugé ou jugement de valeur, un boudin blanc, j'ai trouvé son goût extraordinaire, une texture succulente à savourer. Avec un tout autre regard, plus subtil que le sien, il m'avait comparée à un aliment doux et soyeux, parfumé et agréable en bouche, pour petits et grands. Ce pauvre garçon s'est excusé environ 6 ans plus tard car il se trouve que c'était devenu le petit copain d'une amie d'enfance. Puis il est devenu un ami de mon frère, il était resté dans ma ville d'origine. Il était toujours grand, brun aux yeux verts mais tellement insignifiant, vide de toute substance potentiellement attractive et séduisante. Je l'ai trouvé tout simplement laid, fade, transparent. Si on pouvait avoir conscience lors de nos blessures amoureuses enfantines et adolescentes que « ça va passer », que l'on en rira plus tard et que c'est tant mieux, cela éviterait bien des combats intérieurs qui suivent ces moments-là et que l'on croit à jamais perdus d'avance.

Je n'ai donc pas connu l'amour au collège, celui qui transporte et qui vous rend invincible face à l'adversité de l'adolescence. Mais j'ai pu l'observer chez les autres, mes copines, mes copains et comme j'étais déjà altruiste et dénuée de sentiments négatifs et malintentionnés, j'étais juste contente pour elles, pour eux, sans même me demander si un jour, ça allait aussi m'arriver. J'étais à cette période-là dans le moment présent, et le moment présent à mes 15 ans, c'était mon père, qui était de plus en plus malade, que je ne voyais plus se battre et que ce combat, il allait le perdre.

Je suis revenue le jour de mon anniversaire, le 10 avril, de mon premier voyage scolaire à l'étranger, en Angleterre, à la fin de mon année de troisième. Mes parents sont venus me chercher, papa sortait juste de l'hôpital de Bordeaux où il avait subi des examens complémentaires. La tension était palpable puisqu'il venait de se disputer avec maman. C'était si rare que cela ne pouvait pas n'être qu'un détail. De toute ma vie, je n'avais vu qu'une seule fois mes parents hausser le ton entre eux. Et je ne l'avais même pas vu, mais seulement entendu, un soir où j'étais déjà couché. Ils veillaient à ne jamais dire certaines vérités qui fâchent en notre présence. Étant donné qu'ils étaient plus souvent entre eux qu'avec nous, cela laissait des occasions de le faire. Ce jour d'avril de mes 15 ans, quatre mois avant sa mort, il était épuisé, affaibli, amaigri. Il ne se reconnaissait plus, nous non plus. Moi je faisais semblant de ne rien voir et de surtout lui montrer que pour moi, c'était toujours mon super papa, aussi fort, même si je ne le voyais plus bricoler dans son atelier le dimanche et qu'on ne pouvait plus aller ensemble dans les magasins où je garderai la pièce du cadi en remontant fièrement dans la voiture.

Deux mois plus tard, je passais le brevet. Je n'avais qu'une chose en tête, pouvoir rentrer lui dire « Papa, j'ai eu mon brevet ». Lui et moi savions que le brevet ne menait pas à son rêve et n'était pas révélateur d'un talent particulier mais, peu importe, dans notre quotidien qui était devenu laborieux et pesant, je voulais être celle qui apporte un peu de légèreté et une nouvelle provoquant un sourire discret mais puissant pour la fille aimante que j'étais. J'ai profité de ce moment car je savais déjà que je n'aurais pas la chance de lui dire 3 ans plus tard « Papa, j'ai eu mon bac ». Alors son sourire de fierté paternelle face à ma candeur juvénile pour un évènement futile de passage, je le garde précieusement avec moi, même si ce sourire appartenait à un visage marqué par les ravages de la maladie, par le retour du secret qui revient en pleine gueule à la veille du dernier souffle et qu'il faudrait emmener avec soi pour l'éternité. Mon père se transformait en squelette.

L'été de mes 15 ans commence, avec peu de joie et beaucoup d'inquiétudes… je ne suis plus dupe, la santé de papa ne s'améliore pas et plus personne ne semble y croire. Juillet 1998, c'est la coupe de monde de football. Papa a toujours aimé le sport, l'ayant pratiqué lui-même dans sa jeunesse. Il avait fait beaucoup de rugby et d'équitation, deux sports qui ne semblent rien avoir en commun : l'un est collectif, il nécessite l'entraide de ses coéquipiers, il requiert une forme de puissance, d'entrain, de force qui bloque l'ennemi. L'autre exige une droiture, une posture affirmée et élégante, une écoute plus subtile, individuelle mais aussi celle et pour son unique partenaire, le cheval. Le corps de papa avait longtemps exprimé son attrait pour le sport, pour l'effort, il était robuste et solide. Cela faisait quelques mois que ce n'était plus le cas. Son corps, devenu fébrile, transparaissait l'impuissance et la fatalité. Avant qu'il parte un matin de juillet à l'hôpital de Bordeaux avec ma mère où ils allaient apprendre officiellement et froidement qu'il était bien atteint d'un cancer, je l'ai vu une dernière fois heureux. Cette soirée du 12 juillet a été l'emblème d'une ultime joie partagée avec mes frères, ma mère et moi-même, bien plus pour la dynamique familiale que pour l'amour de ce sport. Oui, nous étions pour la première fois champions du monde de football et ça, c'était chouette à voir, à écouter, à sentir, à ressentir ensemble. Mais ces parenthèses de vie sont très fortes parce que passagères et que la réalité de la vie nous rattrape. On a beau le savoir, on lui en veut quand même, à chaque fois.

Je ne sais pas si c'est ma foi à toute épreuve qui s'exprimait déjà mais même en voyant se dégrader la situation de papa, je croyais corps et âme à sa guérison. Mon super papa, mon héros du dimanche, qui confectionnait tout plein de choses pour notre maison, qui avait dans son tiroir ce fil de fer magique me permettant de me transformer en Manon des sources, courant dans le bois pour aller disposer des pièges à lapins confectionnés avec minutie mais sans volonté qu'ils ne tuent. Ce papa-là ne pouvait pas partir ailleurs que dans notre domaine qui n'appartenait qu'à nous et où les clients du magasin ne pouvaient pas rentrer. La reine du quotidien ici, avec lui, c'était bien moi, juste moi.

Papa et maman sont bien rentrés ce lundi soir de l'hôpital de la grande ville, l'air triste même s'ils savaient depuis longtemps que cette maladie n'était pas seulement une pancréatite. Papa s'est dirigé vers les garçons pour leur parler, leur dire les mots qui blessent, qui achèvent sans le vouloir et qui enlèvent tout espoir d'y croire encore un peu. Maman avait pour mission de me l'annoncer. Je pense qu'il valait mieux qu'il en soit ainsi. Je n'avais jamais failli devant papa, jamais je ne lui ai laissé un instant croire que je pouvais être triste ou malheureuse à cause de lui, de son état, de son corps qui disparaissait un peu plus chaque jour depuis des mois. Si c'était lui qui m'avait annoncé que son mal était bel et bien incurable, avec certainement ses mots maladroits de papa fébrile, je me serai effondrée de peine, bien naturelle. Je me souviens de ce que je portais, de cette tenue informe, de ces chaussures à semelle compensée comme pour me rendre plus grande, plus haute, plus forte quelques instants face à l'insupportable qui s'annonçait. J'étais à la droite de ma mère et nous avons commencé notre marche vers l'enfer toutes les deux, au commencement de l'allée entre nos deux bois, ces deux bosquets qui avaient été jusque-là témoins de mon innocence, de mon imagination, de mes pérégrinations en Manon. Ce temps-là était fini. Il fallait définitivement devenir une femme, être forte, rester debout. Ne plus courir vers un inconnu prometteur, vers des rêves remplis de tout espoir. Non, il fallait ralentir pour s'arrêter et accueillir la mort qui se profilait, à défaut de l'accepter. Pour moi, papa est réellement mort et parti ce jour-là, Manon aussi, avec lui. J'ai compris ce lundi de juillet qu'il n'y a rien de plus terrible que de ne plus croire, de ne plus trouver de sens à rien. À partir de l'instant où maman a prononcé le mot « Cancer », ce mot qui était bien parmi nous depuis des mois mais que personne n'avait osé prononcer devant nous, mes frères et moi, j'ai su que c'était fini. Maman, qui m'avait tant manqué toutes ces années et qui avait marqué mes journées par son absence, m'annonçait celle de mon père qui allait devenir quant à elle éternelle. Le retour sur l'allée vers notre maison où se trouvaient mon père et mes frères, lui, s'est fait. Doucement, lentement, parce que je savais que le premier regard que je porterai sur mon père en passant la porte ne serait plus teinté d'espérance naïve, ce regard serait celui d'une fille devenant femme qui dirait à son papa « Je sais, ça va aller ». Là encore, jusqu'au bout, jusqu'à son dernier souffle, j'ai fait semblant de rien. La gravité ne devait pas prendre place. Tout le monde s'en chargeait déjà. Je me devais d'être quoiqu'il advienne la petite fille insouciante qui croit que les miracles existent et que tout est possible, même de dire va te faire foutre à la maladie, à la mort, à la vie.

Nous nous sommes retrouvés tous les cinq et comme chaque jour, nous nous sommes installés autour de la table, pour dîner. Le silence était plus présent que d'habitude, un silence qui disait beaucoup, qui disait que notre présence à cinq n'allait pas durer.

Ce jour a marqué le commencement irréversible de la déchéance de papa, de son corps, de son esprit… il se donnait le droit de se laisser partir, de déposer les armes, de ne plus lutter face à cette absurde fatalité. Je faisais encore semblant de ne rien voir. Même s'il perdait peu à peu conscience de la réalité et de la vérité, je voulais qu'il ressente que je continuais ma vie de jeune adolescente enthousiaste. Je ne voulais pas qu'il voie que derrière le corps de sa fille bien en chair, se cachait un squelette lui aussi chétif qui ne tarderait pas à s'imposer à moi, à nous, quelque temps après son départ. La vie m'obligeait à devenir une femme, une adulte, mais je me refusais à cela, maintenant et pour longtemps. Je me souviens du jour où, au-delà de son corps qui tombait en décrépitude, son esprit nous abandonnait aussi. Il était allongé sur son lit et m'a demandé quelque chose, et chose étonnante, je ne me souviens plus quoi, seulement de son oubli irréversible. Je lui ai répondu, clairement, simplement. Environ dix secondes après, il m'a reposé la même question, l'air de rien, comme si cet échange juste avant n'avait jamais existé. Papa s'en allait ailleurs, sans retour.

Je suis partie quelques jours en Auvergne à Clermont-Ferrand avec nos amis qui venaient chaque été depuis mes un an. Papa avait rencontré Jean-Luc au service militaire. Deux tempéraments opposés dont la complémentarité avait fait naître une belle et solide amitié, entre eux d'abord, puis avec leurs femmes et enfants respectifs. Je ne sais réellement toujours pas à 40 ans si cet éloignement temporaire avec lui était un choix de mon père, ou de ma mère et mes frères qui eux, avaient 19 et 21 ans. J'ai longtemps pensé que c'était mon père qui avait pris cette décision et qu'il préférait que je parte quelque temps pour ne pas le voir dans cet état. J'avais envie de croire en cette ultime attention paternelle pour protéger sa petite fille. Mais ma lucidité d'adulte me fait penser aujourd'hui que son esprit avait déjà perdu toute rationalité et que tout le monde a préféré que je monte en voiture avec nos amis vers les volcans d'Auvergne pour oublier l'espace de quelques jours que mon père était en phase de destruction finale. Cette escapade vers les terres centrales françaises fut brève. Maman appela un matin pour me dire que le temps était venu de rentrer, papa n'allait pas tarder à partir pour un autre monde et que je m'en voudrais de ne pas pouvoir lui dire au revoir, même s'il ne nous a pas demandé notre avis avant de partir, à vie pour la mort.

Nous sommes rentrés avec nos amis, à cinq, vers ma maison où nous ne serions dès le jour suivant plus que quatre, et bientôt deux, ma mère et moi, avec encore et toujours pas loin, ma grand-mère Yvette et son secret dont papa n'aura jamais eu le temps de me parler. Il est parti avec, accompagné de la honte familiale, écrasé sous le poids et l'odeur des cendres.

Je suis rentrée ce jeudi soir, une soirée bien sombre qui laissait entrevoir la dernière nuit passée à cinq, mais pas dans la quiétude imagée d'antan. Je suis entrée dans la chambre, la dernière fois où j'ai vu papa, vivant, scientifiquement, d'un point de vue médical. Parce que la vérité est que papa est tombé dans le coma juste après mon départ, que quand je l'ai vu quelques jours après, ce dernier soir, il ressemblait déjà à un cadavre, je pouvais deviner tous les contours de son squelette. Il avait la bouche grande ouverte, pour pouvoir respirer juste le temps que je revienne, pour qu'il puisse tenir, que son cœur ne lâche pas, afin qu'au moment de partir, nous soyons tous les cinq, près de lui, avec lui, ensemble. J'ai passé ma dernière nuit dans ma chambre de petite fille, tout proche de mon papa. Il a respiré son dernier souffle le lendemain matin, tôt, avec ma mère auprès de lui, comme elle l'avait toujours été, malgré l'adversité, face aux bassesses d'une belle-famille délétère. Elle l'aura accompagné pendant plus de 30 ans, de leurs 14 ans à ses 46 ans. Maman est venue me rejoindre dans ma chambre pour m'annoncer son départ irréversible, en pleurant. Nous avons pleuré ensemble, ce que nous aurions dû faire souvent, sans retenue, les mois, les années suivantes, pour extérioriser la peine, pour conjurer le sort, le mal. Ce qu'elle s'est refusé de faire, pour paraître forte, pour pouvoir tenir debout, alors que j'aurais eu besoin qu'elle me fasse don de sa fragilité, de son humanité de mère, de son amour de maman.

21 août 1998, papa est parti à 8 h sans réellement dire adieu mais nous avons compris qu'il ne reviendrait pas. Commencent ainsi les phases du deuil qui vont prendre leur temps, bien leur temps. Je dis souvent à qui veut bien l'entendre que le temps fait toujours son œuvre. J'espère toujours que la beauté de l'œuvre ultime est à l'image du temps accordé à sa confection car en ce qui me concerne, il aura fallu d'interminables années pour renaître et pour débuter la construction d'une œuvre nouvelle, joyeuse, douce et palpitante, bien vivante.

Chapitre 6
Sans lui, le mal prend corps

Papa est parti et moi je dois retourner à l'école. J'entre au lycée. Je change de lieu d'éducation, d'apprentissage de la vie en même temps que je change de contexte de vie familiale. Ça fait beaucoup pour la jeune fille de tout juste 15 ans que je suis. Mes grands frères sont repartis continuer leurs études, loin, auprès de leurs amis. Moi je reste avec maman qui est là sans être avec moi. Que papa soit mort ou pas, le client reste le roi. Le magasin, l'entreprise familiale à faire perdurer, l'équipe des employés à guider ont plus aidé ma mère à tenir que moi, sa fille adolescente dont il fallait s'occuper. Pas grave, je me suis occupée de moi toute seule, comme je l'avais d'ailleurs toujours fait. C'est finalement une chose qui n'a pas changé. J'aurais pourtant aimé que ce soit le cas. J'aurais eu l'impression d'avoir de l'importance, d'avoir une valeur valable qui lui donne l'envie de m'accorder du temps pour parler, échanger, pleurer ensemble. Ce n'était pas possible pour elle. Psychiquement pas possible. C'était la mettre face à l'horreur : l'unique homme de sa vie était mort, mais il restait sa fille, qui lui rappelait qu'il fallait vivre sans lui. Le comportement indifférent de ma mère durant les années qui ont suivi la mort de mon père a confirmé ma croyance que je n'étais pas digne d'amour. C'était un schéma clair et limpide. J'étais trop grosse donc pas considérable. Et au moment de ma vie où j'aurais eu besoin d'un trop plein d'amour qui n'aurait de toute manière pas été assez énorme pour combler le vide et le manque des années passées, rien. Le quotidien était routinier, méthodique, rigoureusement froid. En fonction de l'heure de mon premier cours, soit je prenais le bus, soit je montais en voiture avec maman qui me déposait devant le lycée avant d'aller ouvrir le magasin et accueillir les premiers clients à 9 h pétantes. Certains attendaient déjà et recevaient sans attendre l'attention souhaitée… moi je l'ai attendue vainement, toujours rien. Je me souviens lors du trajet de même pas 10 minutes en voiture que nous écoutions de la musique. Ce n'était plus le temps où nous chantions Jacques Brel en route vers mes cours de piano, non, cette fois-ci la musique permettait de combler le silence latent, nos peines respectives, nos douleurs indicibles. Je choisissais souvent de mettre le CD de « Sol en Si », le rouge, chanson numéro 4. Un mélange d'artistes que j'appréciais et en plus, c'était pour la bonne cause, cela faisait écho à la gentille que j'étais toujours, malgré tout. Elle ne durait que quelques minutes mais il y a un moment précis dans la chanson, grâce à la mélodie et aux instruments, où j'avais l'impression de m'évader pour m'envoler quelques instants de cette réalité pesante, encore inacceptable. J'entends encore le doux mélange de la voix de Maurane et d'Alain Souchon, sur une reprise d'une chanson de Michel Jonaz de 1981, je n'étais pas encore née, « J'T'aimais tellement fort ». « *Tu peux toujours croire que les petites cases de la mémoire peuvent s'ouvrir comme des tiroirs et laisser partir les souvenirs tu sais, Je t'aimais tellement fort que je t'aime encore… les larmes c'est rien, si t'as du bonheur, tiens le bien, ces trucs-là ça va ça vient, mais ça, c'est un pas sous les doigts, et ça brûle comme du bois mort, on sera toujours corps à corps, tu sais… je t'aimais tellement fort que je t'aime encore* ». À peine deux minutes. Et j'arrivais devant le lycée, « Bonne journée maman ».

Les premières semaines après la mort de mon père, je pleurais tous les matins, avant d'aller prendre le bus pour me rendre au lycée, entre ces murs blancs et avec ces gens que je ne connaissais pas. Je rejoignais ma mère dans sa chambre qui était encore dans son lit, le lit où mon père avait définitivement fermé les yeux à peine un mois plus tôt. Et elle me disait qu'il fallait y aller malgré tout, malgré ça, et elle avait raison, « Ces trucs-là, ça va ça vient » comme disait si bien Michel. Mon année de seconde a été extrêmement dure à vivre, aussi bien émotionnellement que certains cours à subir, c'est véritablement le mot, subir. Et puis ces fiches que l'on remplit à chaque début d'année, avec chaque professeur pour chaque matière, pour répéter la même chose, écrire la même vérité, qui elle ne changera jamais. Profession du père « Décédé ». Mon père vivant, je n'y prêtais guère attention. J'avoue avoir intellectualisé ce moment. J'avais tellement eu l'habitude des dictées de ma mère, de la correction des nombreuses fautes de mes frères pour ces mêmes dictées du dimanche, de voir ma mère chercher le véritable sens et orthographe d'un mot dans le gros dictionnaire Larousse, ce dernier qui témoignait de sa vieillesse à travers ses pages jaunissantes et écorchées par tous ces doigts étrangers, sauf ceux de ma mère qui lui étaient familiers. La question existentielle était pour moi « Est-ce que le fait que mon père soit mort lui retire aussi sa compétence professionnelle ? » « Peut-il toujours avoir le qualificatif d'opticien malgré le fait qu'il soit mort ? » J'hésitais. Serait-ce mentir si j'inscrivais « Opticien » plutôt que « Décédé » ? Je ne le savais pas encore consciemment mais l'éthique était déjà pour moi au cœur de ma réflexion. On est honnête ou on ne l'est pas, une approche trop binaire et dénuée de réflexion, à l'image de ma jeunesse. Ce tiraillement intellectuel me permettait de le garder encore un peu vivant même si l'issue était toujours la même, fatale, et le mot qui s'inscrivait par l'intermédiaire de mes doigts fébriles était « Décédé ». Oui, « Décédé », c'est plus élégant que « Mort ». J'avais déjà le sens de la délicatesse malgré l'affront brutal que la vie m'avait fait. Un seul mot peut être d'une extrême violence. Et sa répétition, en phase précoce de deuil, n'a que pour incidence de creuser plus profond pour enfouir durablement le traumatisme, avec la complicité des adultes, qui eux ne sont que de passage.

Intellectualiser tout, tout le temps, c'est un cauchemar. C'est incontrôlable, un mécanisme insidieux qui s'enclenche et qui va diriger votre esprit. S'arrêter sur un mot, une phrase, une action. Analyser pour comprendre, pour absolument trouver le sens. Un sens qui se doit d'exister même face à l'absurdité de la vie, surtout des hommes. Chercher le sens dans l'effort, sans lâcher, tant que l'on n'a pas trouvé. Cela peut rendre fou, vous déconnecter de la réalité, de l'instant présent, et c'est justement ce qui est recherché. Oublier l'intolérable du moment. Cette folie m'a sauvée. Il faut juste apprendre à la laisser partir, quand le temps est venu, quand ce temps a fait sa foutue œuvre, dans la douleur et l'abnégation. À ceux qui me disent que l'abnégation est une vertu, je leur dis que c'est de la foutaise. S'oublier n'a rien d'altruiste, c'est juste crever à petit feu, sans le savoir, sans vouloir le voir.

L'année de seconde a été une année de transition, le passage vers l'enfer. Se coltiner des cours de physique-chimie et de biologie avec des professeurs aussi rigides que leurs calculs scientifiques et leurs équations avec trop d'inconnues pour la fille sans repères que j'étais à ce moment-là de ma jeune vie, ce n'était rien. Non, la complexité douloureuse était bien dans l'apparence, faire semblant que ça allait, la vie continuait, c'était ainsi. Mon père vient de mourir et alors ? Eh bien, on sourit, on se tait et on avance. J'ai vu la déchéance corporelle s'accomplir en face de moi, impuissante, et puis quoi ? Ben, c'est la vie, ça peut arriver à tout le monde, ça arrive à plein de gens. Ah pas de bol, ça m'est aussi arrivé à moi. Ça doit être le Karma, je paye pour les mauvais comportements que j'ai eus dans mes vies antérieures. Ma croyance est donc une réalité, je ne suis pas digne d'amour, je ne mérite pas d'être aimée, d'être épargnée, même pas un petit peu, le temps de respirer. Ceux que j'aime s'en vont, sans rien dire mais en montrant tout, même l'insupportable, la décrépitude totale.

Combien de fois j'ai entendu et lu : « Ce qui ne nous tue pas nous rend plus forts. » La phrase qui semble être la référence absolue pour les spectateurs des épreuves de la vie. Merci Nietzsche pour ce raccourci intellectuel que tout le monde a plaisir à déblatérer pour s'ériger face à la bêtise. Je suis d'accord sur le fait qu'il a été l'un de nos plus grands penseurs et philosophe, et j'affectionne particulièrement sa pensée sur la joie. Mais non Monsieur Nietzsche, c'est faux. Si c'était le cas, nous serions toutes et tous des super héros avec des supers pouvoirs car la probabilité d'être tués par toutes les épreuves de nos chemins respectifs est infime. Non, ce qui ne nous tue pas ne nous rend pas plus forts, ça nous blesse, nous heurte, nous abîme, nous traumatise. Ce qui ne nous tue pas laisse des traces indélébiles, des blessures réactivées avec un nouvel évènement éprouvant qui ne nous tuera toujours pas mais qui nous écorchera encore un peu plus. Avoir mal jusqu'avoir envie d'en crever, ressentir la souffrance dans sa chair et dans son âme ne rend pas plus fort. Ça fragilise. Ça nous confirme que nous sommes juste humains et mortels. La force est dans notre capacité à transformer l'insupportable réalité, souvent déguisée en cruauté, en sagesse et en sérénité, en quiétude dénuée de toute rancœur, aigreur, amertume ou vengeance. Cette force, elle a dû commencer par vous abîmer bien profondément, vous anéantir pour qu'arrive ce moment où étant démuni de force mentale et physique, on a dû déposer les armes et abandonner un combat qui était perdu d'avance. C'est à ce moment-là, quand on ne voyait même plus l'ombre d'un sens, que la force, saine et vivifiante, peut enfin s'exprimer. Et ce n'est pas juste après toutes ces épreuves qui ne nous ont finalement pas tuées, c'est après de longues et interminables années, après un séjour à durée indéterminée en enfer. C'est en réalité une succession de petites morts et de petites résurrections qui ont permis de laisser place à cette force, qui elle, ne partira plus et fera nous sentir bien vivants.

Une année passe sans papa, et sans maman. L'été des un an de la mort de papa arrive. Mon corps va s'exprimer puisque les mots n'ont pas pu le faire. Je vais prendre le relais. La maladie a emporté papa, je la laisse revenir en moi pour qu'il continue à être un peu là, vivant. Sauf que cette fois-ci, elle va s'installer pour ne plus vouloir, pouvoir partir. Oui cette fois-ci ce n'est pas un cancer, celui qui passe et trépasse et puis s'en va avec la mort, non. Là, c'est une maladie chronique, histoire de ne jamais me lâcher, une maladie qui lie le mental et le corps, moi en perpétuelle recherche de l'équilibre. Et je comprendrai avec le temps, ce temps qui fait encore et toujours son œuvre, ne surtout pas le déranger, que ma maladie sera intimement liée à celle de mon père, de mon grand-père, du secret de la famille, de la responsabilité complice de mon arrière-grand-père lors de la Deuxième Guerre mondiale.

J'ai 16 ans. Cela va faire un an que papa est mort. Et depuis ce jour, je détesterai l'été, ces mois de juillet et août qui vous volent la vie sous une apparence festive et joyeuse. Chaque été depuis 25 ans, cette saison lumineuse est pour moi mélancolique, deux mois durant lesquels plane un soupçon de vétusté.

Été 1999, veille d'un nouveau siècle. Mais la nouveauté ne fait pas oublier les histoires passées, du siècle qui précède. Des ombres me frôlent, les tas de cendres cachés ne disparaissent pas, se manifestent en volant parfois. Mon inconscient, ma chair savent. Papa, sans le vouloir m'a laissé le secret, honteux, inavouable, de son ascendance maternelle. Mais sa mère, mamie Yvette est toujours là, juste à côté, et ne dit toujours rien. Et moi je ne lui parle plus, depuis un an. La mort révèle brutalement à vous-même ce qui ne se dit pas mais ce qui se ressent. Je n'ai pas encore conscience de la faille, de l'impensable, mais certaines choses sont pourtant claires : Papa n'est pas mort d'un cancer de passage, arrivé là par hasard. Il s'était immiscé depuis longtemps, entre les silences, la violence et l'absence. Ce pancréas ne demandait qu'à parler, à s'exprimer, à tout déglinguer à l'intérieur pour que quelqu'un finisse à verbaliser des maux, à me parler, que je sache à quoi j'étais destinée.

J'ai compris brutalement que mamie avait une face très sombre, sans qu'il ne me soit rien dit par ma mère qui ne m'a jamais rien dit contre elle, pourtant elle avait la matière pour le faire. Ma grand-mère s'est encombrée de mensonges et manipulations depuis des années pour fuir l'inacceptable. Mais quoi ? Je pourrais comprendre si on me disait, si on m'expliquait. Je n'excuserais peut-être pas mais je pourrais faire place à de l'indulgence, voire de la compassion, à de la douceur qui manque tant. Mais ma grand-mère sera jusqu'au bout un caméléon, s'adaptant sans effort à toute situation et à toute personne. Elle était faite de deux histoires, deux mondes opposés aux extrêmes, qui ne peuvent se lier sur la durée. Mais cela, je ne le comprendrai que quelque temps après sa mort, 6 ans plus tard, quand maman me parlera, lors d'un échange furtif et imprévu, dans la salle à manger.

Mais d'ici là, je décide de moins manger. Cela fait un an que papa est parti, quelque chose se passe en moi. Il est temps de m'arrêter face à moi, à mon corps. Cela fait dix ans que je m'arrondis un peu chaque année, je me sens prête à changer le cours des choses, à force d'avoir entendu que j'étais trop grosse. Alors naturellement en ce début d'été, je modifie le contenu de mon assiette. Des aliments frais, équilibrés, je ne grignote plus. Je fais cela avec une facilité déconcertante qui cachait en réalité le commencement d'un long et méthodique processus irréversible. Je n'allais plus m'appartenir. Ces dimanches où maman m'obligeait à monter sur la balance et devoir faire face au poids qui augmentait systématiquement ne sont plus qu'un mauvais et lointain souvenir. Le chiffre baisse et descend vite, peut-être trop vite… En un peu plus de deux mois je perds 16 kilos, le nombre de mes jeunes années s'envole, les restes de mon insouciance aussi. Je suis super fière, pour la première fois, ça diminue, ça disparaît, je m'efface.

J'entre en première littéraire avec un corps délesté de nombreux kilos mais pas du poids du secret, de ma filiation paternelle. Mais ça, je ne le sais toujours pas. Mon corps a changé, les regards sur lui aussi. Je ne connais pas cette sensation, cela m'indispose au lieu de me réjouir. On me voit, on me considère, on me porte de l'attention, on me trouve même jolie, un degré supérieur à charmante… je ne comprends pas ce qui se passe, je ne gère donc pas. J'ai retrouvé mes deux amies de l'an dernier, celles avec qui j'avais réussi à rire de futilités, à être parfois légère les mois précédents, avant. Mais elles vont décider du jour au lendemain, brutalement, que mon corps a changé et que donc moi aussi. Ce n'est plus chouette et drôle d'être mon amie, je ne suis plus la rigolote. Alors un matin, elles ne me regardent plus, ne me parlent plus, je n'existe plus. Me voilà seule, abandonnée, à nouveau. Ma gentillesse ne m'avait pas quittée, toujours attentive et à l'écoute, je ne comprends pas. Quand je suis grosse, ça ne va pas. Quand je suis « normale », ça ne convient pas non plus. La solution, je ne la connais toujours pas. Un an après, elles ont réactivé le sentiment d'abandon. S'attacher, c'est prendre le risque que le lien noué se défasse, que l'autre tire sur la ficelle sans prévenir pour pouvoir partir, vous laisser comme un rien, comme une conne. La solitude et le recul sécuriseraient donc. Cela peut sembler être des querelles anodines de jeunes adolescentes mais j'ai eu un putain de mal durant tous ces mois que j'ai encore la sensation en moi, les images, les chuchotements. Elles m'ont confirmé que quoique je fasse, je n'étais pas aimable. Ma solution pour le temps qui vient : travailler, lire, apprendre, me taire, ne pas laisser de place, encore moins à la nourriture, à mon corps. M'éloigner, prendre de la distance, me faire discrète. On n'est pas sérieuse quand on a 17 ans.

J'ai eu mon bac, sans mention mais avec déception, et la maladie qui est là, tous les jours mais un peu différente chaque fois. Il y a quelque chose en moi de profond qui ne va pas, qui ne sort pas, qui ne s'extériorise pas. Quelque chose qui vient de plus loin, de puissant, trop violent, je ne gère pas.

Cela fait des mois que mon cerveau se focalise sur ce qui peut entrer ou pas par ma bouche, et ce qui a le droit de rester dans mon corps. Je remonte sur la balance, trop souvent, sans que maman ne soit là, comme ses lointains dimanches matin. Elle n'a plus besoin d'être face à moi pour me forcer à monter sur cette machine qui va m'accompagner dans la destruction. Je ne me résume plus qu'à des chiffres qui fluctuent trop à mon goût. Ce goût, ce sens que je n'arrive plus à ressentir quand je mange. Quelque chose en moi me dit que cela ne va pas mais ceux qui ont la réponse ne sont plus là où ne parleront jamais. Alors je continue à penser mon quotidien en fonction des repas, éviter d'en partager, ce qui n'est pas le plus dur puisque ma seule compagne de dîner est ma mère qui voit que ça cloche mais la douceur n'étant pas présente dans le flux de nos quelques échanges, il vaut mieux continuer chacune à faire semblant, ça va bien finir par passer.

Je ne pèse pas les aliments, je ne compte pas les calories, cela ne m'intéresse pas. Ce qui m'importe ce sont les aliments purs et ceux qui ne le sont pas, selon moi. Je n'aime pas trop le mélange, ça m'indispose, ce n'est pas normal. Le concombre et les carottes doivent chacun rester à leur place. C'est sûr que c'est meilleur des haricots verts agrémentés de beurre, de sel et autres épices mais ce n'est pas naturel, ce n'est pas du brut, c'est transformé, ça ne me va pas. Jusqu'à la fin de ma terminale, mon quotidien sera ainsi organisé, structuré, orchestré par mes obsessions méthodiques qui sont à ce moment-là de ma vie les seuls repères stables, solides, qui ne faillent pas. Ils me détruisent et m'empêchent de vivre mais ils me permettent de survivre. Ils sont là, eux.

Après le bac, c'est le début d'une nouvelle aventure, je pars de cette grande maison où je me suis toujours pensée trop petite, trop seule, trop rien. Je pars à Poitiers, à la faculté de droit. Ne sachant pas trop ce que j'aimerais faire plus tard dans la vie, je fais comme l'un de mes frères, je fais du droit. Et comme pour mon frère, ce ne sera pas une grande réussite parce que mes préoccupations seront autres que le droit civil ou droit constitutionnel. Cela doit être ma quête inconsciente de la justice qui m'a emmenée jusqu'ici même si je ne l'ai pas croisé souvent et qu'elle a dû m'oublier en chemin.

Je suis loin de ma mère, dans mon petit appartement, juste derrière la prison. Nous n'arrivons toujours pas à nous parler, la tension est là. Chacune a peur de l'attaque par surprise, celle qui vous prend alors que vous aviez déposé les armes, ce que nous ne faisions jamais en présence l'une de l'autre. La maladie s'est bien installée mais personne ne voit rien, ou préfère ne pas voir. Je prends plus de 15 kilos en moins de deux ans mais comme beaucoup de mes amis puisque nous sommes jeunes, on se sent libre alors on mange et on boit un peu, souvent trop, en chantant des chansons paillardes. Malgré l'ancrage d'une souffrance non exprimée, c'est une période de ma vie où je me suis sentie vivante comme jamais. Je n'aimais pas mon corps mais je le ressentais vibrer, il me faisait signe que j'étais bien en vie. J'ai eu ma première relation sexuelle, ma « première fois » à 19 ans. Mon côté fleur bleue, qui lui ne m'a jamais quittée, m'a sauvée d'une expérience douloureuse pour beaucoup de jeunes filles. J'ai eu la chance que ce moment important soit un beau souvenir avec un garçon bienveillant qui était mon ami et qui l'est resté après. Nous n'étions pas amoureux mais on s'aimait beaucoup, nous nous étions trouvés au bon moment. L'essentiel était de se faire du bien, pas de se promettre une future vie à deux. Ma patience avait payé, je n'étais pas tombée sur un connard qui vous laisse penser que les hommes sont tous les mêmes et qu'il faudra faire avec. Mais par solidarité féminine, j'en ai quand même croisé certains plus tard sur mon chemin sentimental, chacune son lot. Cela faisait des années que je maltraitais mon corps mais dans ces moments où il fallait se dénuder et lâcher prise, j'y arrivais naturellement. Je m'oubliais totalement, mon corps devenait mon allié, on se faisait confiance mutuellement et je n'avais peur de rien, ni de l'autre, de son regard, ni de moi, du mien. Pour une fois, je n'intellectualisais pas, je ne laissais pas de place au mental, j'étais dans l'instant présent. Entre mes 19 ans et 22 ans, j'ai beaucoup ri, chanté, partagé. Il y avait une part de tristesse en moi, beaucoup de colère enfouie mais j'avais un réel plaisir à faire la fête, à être avec mes amis. Nous étions des étudiants en droit, médecine et pharmacie et on se mélangeait le temps de soirées dans nos bars de prédilection, pour s'amuser, avec un esprit « bon enfant » à mon époque. Nous étions fiers d'être faluchards et nous chantions des chansons bien peu recommandables pour des enfants mais qu'est-ce que l'on s'est marré ensemble avec, comme tous jeunes gens de nos âges, nos chagrins de vie et nos peines de cœur.

Chapitre 7
Être une jeune femme dans la sombreur

J'ai 21 ans, je suis toujours à la faculté de Poitiers et c'est une période où il règne en moi un véritable chaos. Rien ne fonctionne, ni mes études, ni ma relation avec ma mère, j'ai le sentiment que tout est combat et que j'ai beau ne pas lâcher, je vais inexorablement perdre. Je suis perdue, je ne cesse de me chercher mais je n'arrive pas à me trouver. Je dois bien avoir une place mais elle se cache et je n'ai aucune idée où elle pourrait bien m'attendre.

Maman m'appelle pour me dire que mamie Yvette est morte. Elle avait 88 ans. Son cœur a lâché et elle s'est écroulée dans les toilettes, endroit atypique pour mourir. Quand je saurai quelques mois plus tard, je me dirai qu'un cœur ne pouvait plus supporter un tel secret, l'indifférence, l'absence de reconnaissance, le mensonge et le mal personnifié. En s'arrêtant de battre, son cœur me lègue un souvenir, une mémoire, un secret à faire perdurer, vivre si cela est possible. Je ne sais toujours pas mais mon corps va accueillir cette mission, un présent empoisonné, mon inconscient sera joueur quelque temps, un peu trop longtemps.

Je ne suis pas triste, cela fait des années que je ne lui parlais plus, que je ne la voyais presque plus. J'avais encore trop de colère, je n'arrivais pas à lui pardonner son comportement avec la famille de son fils, avec mon père qui aura été un fils dévoué jusqu'au bout, avec ma mère qui ne l'aura jamais laissé tomber contrairement à ses propres enfants, malgré tout. Au-delà de la nature de l'homme profondément bon et généreux qu'était mon père, il voulait sans doute apaiser cette réalité concernant sa mère, qu'il avait toujours connue mais pas assez nommée pour laisser place à la quiétude. Elle n'aura également pas épargné ma mère, irréprochable vis-à-vis d'elle. Ma mère était et est toujours une femme de devoir, de manière excessive parfois, ce qui la rend sans doute trop ferme et rigide, un peu psychorigide comme elle le dit aussi. Mais elle est restée droite, à toute épreuve, elle n'a pas failli devant l'adversité que sa belle-famille n'avait pas eu de scrupules à lui faire vivre pendant plus de 30 ans, dont plus de la moitié après la mort de mon père. Je l'ai toujours vu se battre pour ses enfants afin d'essayer que cette guerre familiale initiée par mon oncle, cet invétéré malade pathologique jaloux et envieux de tout, de manière irraisonnée et violente, ne nous atteigne pas, peu ou moins. Ce qui était bien évidemment impossible malgré toute la force qu'elle y a mise, malgré son chagrin, le deuil de l'homme de sa vie qu'elle n'a pas pu sereinement vivre. Mais quand le secret, lui-même reflet du mal et de l'inhumanité, se propage particulièrement au sein de la famille lorsqu'il est question d'héritage, de transmission, de don, les personnalités se révèlent. Ce que l'on pensait connaître de ses proches semble trop violemment être faux, la vérité émerge. D'autres sont confirmés dans ce qu'ils sont, ce qu'ils ont toujours fait ou montré : de la haine, de la jalousie, de la brutalité et de la lâcheté, verbale et physique, soupçonnée ou assumée.

Par sens du devoir dont je crois avoir hérité de ma mère et de mon père, je me rendrais à ses obsèques, malgré ce que je sais et surtout ce que je ne sais pas encore, ce qui ne m'a pas été dit mais qui s'est déjà inscrit en moi, dans ma chair et mon inconscient. La cérémonie religieuse se déroule dans un temple, ma grand-mère était protestante. J'ai appris quelque temps plus tard, avec tout le reste, que c'était en lien avec son histoire de ses premières années de vie, une vie bouleversée dès les premières heures. Je n'irai pas au cimetière pour ne pas m'infliger l'hypocrisie ambiante. Elle sera enterrée dans le caveau familial auprès de mon grand-père dont je garde inaltérablement un souvenir ému, même infime étant très jeune au moment de sa mort. Les regards et les sourires sur les photos, celles qui restent, aident beaucoup dans ces cas-là.

J'ai le sens du devoir mais je n'aime pas faire semblant, je suis une bien piètre menteuse. Mon visage ne semble vouloir refléter que la vérité. Et c'est bien parce que je sens depuis longtemps que le mensonge et le mal rodent dans cette famille qui est bien malgré moi la mienne que je ne souhaite pas participer à cet instant. Cet instant où ce que l'on nomme les proches, familles et amis sont là pour pleurer et se recueillir ensemble. La vérité est que tout le monde se regarde, se jauge, se juge et n'en pense pas moins. La mascarade y a toute sa place, très peu pour moi.

Nous sommes au mois de juin de mes 21 ans et là commence concrètement une nouvelle page de ma vie. Pas plus heureuse mais bien viscéralement plus douloureuse.

Mamie est morte et moi je suis toujours à Poitiers en troisième première année de droit à 21 ans. Comme j'avais validé presque toutes les unités les deux premières années, je me disais que c'était dommage de ne pas tenter une troisième fois pour clôturer cela, non pas en toute beauté mais au moins en manifestant une sorte de détermination qui ne cachait en fait qu'une véritable perdition. Il faut dire que personne ne m'en avait dissuadé donc je continuais à aller droit dans le mur sans écouter ma petite voix intérieure qui me chuchotait trop bas que cela n'était pas ma voie, ce qui avec une prise de hauteur rationnelle aurait pu aisément se formuler et se comprendre. Mais ce ne fut pas le cas, me voilà partie pour un tour au cœur du droit public et privé qui était la moindre de mes préoccupations à ce moment-là. J'avais beau être droite comme la justice et avoir un sens du devoir certain, conforme aux règles et à la morale, je devais déjà ressentir que dans beaucoup de situations de la vie, tous ces mots, ces textes, ces lois, c'était du vent, un vent glacial.

Entre les cours où je suis déjà ailleurs, ma vie affective se poursuit. Après quelques histoires avec des garçons que j'ai la manie de quitter, particulièrement quand cela se passe bien, je rencontre le garçon qui sera mon futur mari. Je l'ai rencontré non pas sur les bancs de l'amphithéâtre de la faculté de droit où il n'était pourtant pas loin mais bien lors des soirées faluchardes avec les étudiants de Poitiers que nous veillions à ne pas manquer. J'ai su très vite que ce garçon, qui avait 2 ans et demi de moins que moi, avec une caractéristique qui malheureusement, a validé ma croyance, qui ne m'a pas quittée, que la vie vous envoie des signes et qu'il faut savoir les décoder. J'ai donc décidé ce jour de février que cet homme, même si je n'avais pas été sujette à un coup de foudre ou à une attirance saisissante, aurait une place non négligeable dans ma vie. Il était né le même jour que mon père, en cette période de flou et de méandres dans ma vie, j'avais besoin d'entrevoir un signe venu de là-haut. Cela ne pouvait donc être que lui, l'homme de ma vie qui me rendrait heureuse avec qui je pourrais réellement dire « Tout va bien ».

Je me suis mise en couple avec lui après avoir vécu deux histoires, pas très longues, mais qui laissent place à un sourire tendre et heureux quand je me remémore les moments passés avec chacun de ces deux hommes. L'un m'a fait connaître la passion, l'exultation du corps, une folie douce et des excès juste assez galvanisants pour ne pas abîmer ce qui l'était déjà. L'autre m'a fait beaucoup rire et sa présence s'accompagnait de douceur, de gentillesse et de tendresse affirmée. J'ose dire et reconnaître aujourd'hui que ce sont les deux hommes que j'ai véritablement aimés, dans le sens où je peux dire que j'étais amoureuse de ces deux hommes, qui ne se ressemblaient en rien mais qui m'apportaient chacun, sincèrement, leur part d'amour. Ces deux histoires se sont chevauchées, il m'a fallu choisir. La passion ou la raison. Je n'ai pu choisir ni l'un ni l'autre. Certainement trop d'amour qui venait à moi, et moi qui avais bien trop peu d'estime envers ma personne pour accueillir ce don. On a peur de ce que l'on ne connaît pas. Ce ne fut donc aucun des deux. À partir de ce moment-là, je refusais l'amour alors qu'il s'offrait à moi. J'ai choisi ce troisième homme, un sagittaire né le même jour que mon héros éternel, et c'était le commencement du chemin vers la noirceur, le côté obscur non pas de la force mais de ma destinée. Ce n'est pas lui qui incarnait le mal mais il allait m'accompagner vers ma déchéance.

J'ai compris très vite que ce garçon faisait partie d'une famille à problème. Elles en ont toutes, nous sommes d'accord mais là, ils étaient bien pourris, faisant écho aux vices de ma famille paternelle. Contrairement à l'amour, c'est quelque chose que je connaissais bien et donc qui ne me faisait pas peur. Je dirais même que c'était normal, bien que pas agréable, d'y faire face et de le vivre. Son père était d'origine juive et sa mère catholique. Tous deux avaient renié leur religion respective pour se tourner vers une autre croyance qu'ils nommaient religion, après avoir eu une révélation lors d'une rencontre sur leur chemin de vie. Je me souviens donc de l'homme barbu en photo dans leur maison, leur gourou. Cette croyance est considérée officiellement comme une religion mais ayant été témoin de leurs pratiques au fil des années passées, j'ai toujours eu le sentiment qu'il y avait un fonctionnement sectaire qui me mettait mal à l'aise. Et mon impression a été confirmée notamment juste après mon mariage, l'instant où les âmes se révèlent. J'étais catholique, je comptais bien le rester, et j'ai tenu bon. Ce qui ne fut pas le cas pour les autres aspects du couple.

Sans trop m'attarder, je ne me suis pas sentie dans cette belle-famille comme dans un cocon bienveillant. Je suis pourtant restée, non pas grâce à un amour passionné et certain pour mon copain avant qu'il ne devienne mon mari un peu trop vite, mais là encore certainement par sens du devoir. J'étais avec un homme né le même jour que mon père, alors malgré l'adversité, cela devait être le bon et mon engagement devait être sans faille et sans limites. Je n'étais bonne à rien mais peut-être à me marier, il fallait tenter.

J'ai 22 ans et je suis toujours à bac + 0, paumée, sans savoir ce que je vais faire de ma vie, pas très glorieuse et heureuse jusqu'à présent. Je pars de Poitiers pour aller vivre à Bordeaux et faire une école de commerce post-bac. Moi qui étais fille de commerçant et qui avais souffert que mes parents mettent le client au-dessus de tout, de nous, le considérant comme un roi, j'allais entrer dans ce système où tout est basé et centré autour de lui. Triste ironie de la vie. Peu importe, pas très convaincue mais tout de même déterminée à y arriver, je pars laissant mon copain qui viendra les week-ends et qui me rejoindra un an plus tard après sa licence de droit.

Cela fait un an que ma grand-mère est morte et enterrée, je me retrouve dans une nouvelle ville, une grande ville, Bordeaux. Mon corps va commencer à exprimer de manière plus dure et incisive ce qui n'a toujours pas été dit. Mais c'est déjà en moi, depuis des années, depuis ces discussions avec ma grand-mère où elle me disait que son père avait de beaux bureaux à Paris et qu'il travaillait pour la France, notre vaillant pays, notre courageuse patrie. J'écoutais sans rien demander ni questions ni précisions. Je comprendrai peu de temps plus tard, quand ma mère me parlera, que Bordeaux marque le commencement de ma partie familiale paternelle dans la tragédie inhumaine.

J'ai 22 ans, je repars à zéro, entourée d'étudiants, plus jeunes, plus joyeux, plus insouciants. Je n'ai pas le choix, je dois y arriver. Je travaille, beaucoup. Je mange, très peu. Plus je travaille, moins je mange. Pas le temps. Réussir ou se nourrir, il faut choisir. Je suis studieuse, curieuse, j'apprends. Je sais dès les premiers cours que je ne suis toujours pas à ma place mais je semble m'être résignée à la trouver. Je n'ai plus de force, je garde le peu d'énergie que j'ai à travailler. Je descends en dessous des 50 kilos, me voilà entrée dans la quarantaine pour ne plus en sortir durant longtemps.

Le temps passe. Lors d'un week-end à Bayonne, après plus de deux ans de relation, mon copain me demande en mariage. Il se met à genoux, je me sens mal à l'aise, une angoisse profonde me submerge, je n'ai qu'une envie, c'est qu'il se relève et que personne ne nous voit. J'ai mal au ventre, un inconfort puissant dans les tripes qui me semble me dire quelque chose. Un message que je n'écouterai pas. Je dis oui, plus pour que cette scène absurde s'arrête que par conviction. C'est trop tard. Je suis une femme de devoir, j'irai au bout, là encore malgré tout.

Il l'annonce à ses parents. Ils seront contre, directement. C'est trop tôt, nous ne nous connaissons pas assez, c'est précipité, c'est une erreur. C'est la seule chose sensée qu'ils ont dite durant mes 7 années de relation, j'aurais dû pour une fois les écouter, cela m'aurait valu de ne pas les supporter les années suivantes. Mais je suis une femme de devoir, je vais jusqu'au bout, malgré eux.

Le ton hausse avec leur fils, après quelques négociations, ils sont d'accord à une seule condition, Oui, je précise que dans leur religion, les parents doivent ouvertement donner leur accord pour que les enfants puissent se marier, surtout avec une femme d'une autre foi. Nous devons donc suivre en amont une thérapie de couple sur le transgénérationnel, une approche systémique. Comprendre chacun notre histoire familiale, d'où nous venons, ce qu'ont accompli nos ancêtres. Je me suis trompée quelques lignes auparavant. C'est la deuxième idée sensée qu'ils ont eue. Pendant qu'ils contribuaient à me rendre la vie infernale, ils me permettaient sans le savoir de déterrer des cadavres. Cette fois-ci, je suis mon intuition. La rebelle en moi se tait et accepte. C'est la clé, je dis oui, cette fois-ci j'ai raison.

J'ai bientôt 25 ans, bientôt 10 ans que mon père a été emporté par la maladie, cette même maladie causée par le secret. Ce n'était pas de sa faute mais il ne supportait plus ça, ça l'a tué, j'en suis convaincue. Je crève à mon tour peu à peu mais je n'en sais rien.

C'était une période compliquée avec ma mère. Il y avait une tension palpable, une colère et une tristesse que nous avions chacune du mal à exprimer. Il n'avait jamais été simple et évident de nous parler. Le temps n'avait pas arrangé la relation, il avait en revanche permis d'accumuler des ressentis négatifs malgré un amour certain, je peux l'écrire et le dire aujourd'hui. Il ne peut pas exister une colère intense aux bords de la haine entre une mère et sa fille s'il n'y a pas à la source un amour déçu, frustré, qui n'a pu s'exprimer et permis le lien. Une période de ma vie où j'avais à l'esprit cette phrase qu'elle m'avait dite, plutôt jetée en pleine face à un moment de ma vie où je me sentais profondément seule, mal aimée, par elle et donc par moi-même. Comment avoir de l'estime pour soi, avoir conscience de sa juste valeur quand votre mère n'a pas su poser sur vous un regard affectueux, des yeux remplis d'amour inconditionnel. Quelques années auparavant, dans un élan de courage déclenché par du désespoir, je lui avais demandé, comme pour me sauver in extremis, une réponse à une question toute simple, d'une banalité certaine.

Les années qui venaient de s'écouler avaient amplifié la dureté de notre relation, de nos échanges. J'enrageais de l'avoir tant aimée. Je me sentais fébrile, j'avais un sentiment de solitude, à la frontière de l'abandon irréversible. J'avais un besoin irrépressible de disparaître, cela occupait tout l'espace. Disparaître mais surtout ne pas mourir. Juste s'effacer, se retirer du monde quelques heures, le temps que chaque larme s'évapore pour oublier et que le vide se comble. J'avais toujours été confrontée à deux opposés : un instinct de vie face à une attraction viscérale pour la mort. Le combat était perpétuellement présent. Tout était excessif chez moi, aussi bien la passion de l'existence que sa destruction vicieuse et réfléchie. L'équilibre n'était nulle part alors que sa quête semblait être ma priorité de chaque jour.

Il était temps de naître, de renaître, d'éclore, de voir le jour avec un autre regard, le mien, avec une perception de ce qui m'entourait et qui n'appartiendrait qu'à moi. Mais je savais qu'il ne fallait pas succomber à la tentation de se retourner vers le passé et ses blessures inhérentes. Cela me paraissait encore parfois inaccessible et pourtant si proche. Ce passé me poursuivait, m'envahissait, me bouffait à chaque moment de relâchement. J'étais insidieusement tentée de me rattacher à ce qui me rassurait de manière illusoire. Une autre séparation n'était pas envisageable car je pensais que je ne la surmonterais pas. Mes pensées mélancoliques ne me laissaient jamais en paix.

J'écumais de tout cet amour donné. Je pensais à ma mère et je me disais qu'il était peut-être temps de cesser d'attendre une affection maternelle qui n'arriverait jamais. Elle était pourtant là, même si trop discrète, je le comprendrai bien plus tard, mais pas trop tard.

Mon corps ne permettait plus aucun mensonge, le corps disait la vérité, sans délicatesse mais avec une franchise qu'on ne pouvait lui reprocher. Les os étaient saillants et la courbure du corps laissait transparaître un état qui n'était pas naturel. Ce corps semblait définitivement trop discret et trop inquiet face à ce qui l'entourait. Ça n'allait pas et les mots de ma mère allaient achever cet état latent. Des mots proférés sèchement et froidement peuvent être aussi douloureux et paralysants qu'un coup de poing dans le ventre. Ces quelques mots allaient être prononcés, ou plus justement balancés, un matin de janvier. Les conversations entre une mère et sa fille se veulent généralement bienveillantes et affectueuses même si certaines vérités désagréables sont parfois maladroitement exprimées, mais nécessaires, sans altérer l'amour inconditionnel et réciproque. Ceux-là comme tant d'autres avaient été destructeurs et irréversibles. J'avais une vingtaine d'années, je ne sais plus exactement quel âge précis, un peu de flou atténue la douleur du souvenir, du traumatisme. J'ai posé cette question à ma mère. Une question pour tout être sensé et aimant, face au trésor qui était la « chair de sa chair », face à l'être qui aurait dû donner sens à sa vie, aurait suscité une réponse évidente, débordante de douceur et de tendresse, malgré l'adversité, l'incompréhension, la déception du moment. Cette question répondait à cette époque de ma vie à un besoin vital, viscéral, celui d'avoir la certitude que j'étais tout simplement aimée par ma mère, ce qui signifie que jusqu'à ce jour le doute avait pris part à cette évidence. Une façon plus ou moins subtile de ma part de demander à cet instant-là à ma mère de me rassurer sur le fait que j'étais sa merveille, que j'avais été désirée, espérée, attendue comme un enfant qui attend le père Noël tout au long de l'année. Entendre de vive voix là maintenant, avant de vivre ma vie de femme, que je n'étais pas ce poids, le fardeau que j'avais l'impression d'avoir été jusque-là. Mon ressenti de l'inutilité de mon existence devait s'arrêter à la seconde où ma mère répondrait à cet appel au secours naïf mais lourd d'attentes. J'en crevais de l'avoir trop aimée. J'avais anticipé une réponse qui allait m'anéantir. Je m'étais ainsi conditionnée pour avoir la posture et le ton appropriés en telle circonstance. J'avais fait le vide, plus rien n'existait à part ma mère qui se trouvait debout dans le salon, dos à moi, sans rien faire de bien concret, juste ce qui lui permettait de me fuir.

Après dix minutes d'un silence pesant pourtant si familier, parsemé de quelques mots et d'échanges insignifiants, Je me suis lancée courageusement, ou peut-être était-ce de l'inconscience, sans attendre que ma mère veuille bien prendre le temps de se poser pour me regarder et m'écouter attentivement. « Maman, pourquoi tu ne m'as jamais dit que tu étais fière de moi ? » Aucun retour en arrière n'était possible. On ne peut changer le passé et cette phrase appartenait désormais au passé. Ma mère s'est retournée aussi vite qu'un serpent prêt à cracher son venin, avec un air circonspect mais satisfaite de l'effet à venir, le sourire en coin laissant transparaître le cynisme qui allait entourer sa phrase. Ma mère pouvait être avec moi une femme rigide, glaçante comme l'antarctique, imprévisible tant sa dureté s'exprimait à l'excès lorsque je prononçais un mot dont l'interprétation maternelle provoquait une hystérie aussi inopportune qu'incompréhensible. C'était mon ressenti de l'époque, tellement la souffrance m'inondait.

J'attendais vénérablement la réponse. Le regard trop limpide de ma mère laissait présager ce qui allait arriver. Ça y est, j'avais compris, ma mère était en train de sortir les armes, la lame soigneusement aiguisée pour l'occasion et qui allait irrémédiablement abîmer et ancrer une cicatrice irréparable. Ses yeux se sont ouverts, ils n'avaient jamais semblé si grands. Elle me fixa et sans attendre, même pas le temps de la réflexion pour ne serait-ce que choisir une formulation moins incisive, le canon allait être lancé, Napoléon ressuscitait. Je n'ai pas eu le temps de me protéger du boulet que j'allais me prendre en plein cœur, comme toutes les autres fois depuis ma venue au monde. Pourtant j'y croyais, avec ma candeur habituelle mais si sincère, que ma mère allait enfin me susurrer tendrement des mots qui m'auraient à cet instant précis permis de redonner un souffle à ma vie. Quelques mots suffisent à achever irrémédiablement. Ceux-là n'ont pas été les premiers ni les derniers. Il était trop tard, je ne pouvais plus fuir et devais affronter l'inévitable. L'arme blanche était bien en mains maternelles, elle était disposée à trancher, perforer. Mais une arme ne semblait pas suffisante. Il fallait conjointement sortir l'arme de poing pour anéantir l'ennemi : « Carole, pour que je sois fière de toi, encore faudrait-il que tu m'en donnes des raisons valables… ».

Si seulement ces mots avaient été dénués d'émotions négatives, d'expression faciale impudente, les dommages auraient peut-être été moindres. Mais non, ce vocable était accompagné d'un ton et d'un sentiment qui avaient choisi le camp de la haine, bien plus que de la colère. Je me suis dit à ce moment-là que ma mère n'avait été qu'une mère porteuse. Elle m'avait toujours dit qu'elle avait adoré être enceinte, que c'était une sensation formidable, en n'oubliant pas de préciser que le plus dur, c'était ce qui suivait l'accouchement, ce qui venait après. En résumé, quand l'enfant était là, bien vivant, qu'il fallait aimer, là c'était plus compliqué, le commencement de l'enfer, pour elle aussi.

Chapitre 8
De l'ombre à la nécrose

J'ai bientôt 25 ans, le temps a passé, les blessures, elles, sont toujours là, bien ancrées dans le présent. Je commence donc cette thérapie de couple pour pouvoir me marier. La vérité est que je n'en avais pas du tout envie, du mariage, pas de la thérapie. J'avais dit oui mais je pensais non. Certainement mon intuition profonde qui était toujours là et qui ne m'abandonnait pas, qui essayait de me parler, de me dire de ne surtout pas dire oui à la mairie, que je pouvais encore changer d'avis, que j'en avais le droit. Mais j'étais à un moment de ma vie où je ne réussissais rien, tout était échec, erreur. Alors peut-être que mon mariage serait une réussite, que la vie de couple, de famille, je saurais faire. Commencer une thérapie de couple avant même d'avoir échangé nos vœux, cela ne laissait rien présager de bon. Mais ma curiosité naturelle prenait le dessus. Je faisais abstraction de ma fierté puisque je me conformais à la volonté de mes futurs beaux-parents qui m'avaient jusqu'ici clairement montré que je n'étais pas désirée. Mon honnêteté me fait dire que la réciproque était vraie, je n'ai jamais eu confiance en eux, trop de mauvaises et toxiques ondes émanaient d'eux. J'étais depuis bien longtemps réceptive aux énergies, surtout mauvaises comme les leurs.

J'avais déjà tenté dans le passé de suivre une thérapie avec un psychologue. Au-delà de mon intérêt pour la psychologie et la compréhension de l'être humain et de sa complexité certaine, je ressentais bien qu'il y avait une faille en moi, une blessure profonde à laquelle je n'avais pas accès. Le problème est qu'à chaque tentative, la rencontre avec le thérapeute, homme ou femme, faisait place à la déception. Je considérais que cette personne en face de moi ne m'apporterait rien de plus que l'analyse personnelle que je pouvais faire de moi-même. J'avais besoin de quelqu'un qui prenne de la hauteur, emploie des mots exprimant des ressentis que je n'avais pas pu formuler et qui pouvaient percer le secret inavouable puisque méconnu de ma part.

Mon futur mari et moi-même n'avons pas eu à choisir un thérapeute. Mes futurs beaux-parents l'avaient fait pour nous. C'était un psychothérapeute qu'ils avaient consulté tous les deux pour gérer leurs problèmes de famille qui, je me permets de le dire, étaient d'un cran supérieur aux miens tellement régnaient des histoires malsaines. Mais étant donné que je n'ai jamais cru au hasard des rencontres, ce lien qui se créait naturellement entre nos deux familles par l'intermédiaire de mon couple ne me rassurait guère, ce n'était pas un bon signe sur ce que j'allais découvrir de ma famille. Mon intuition, elle, était bonne.

Ce thérapeute avait une soixantaine d'années, il avait eu une autre vie avant et s'était reconverti dans l'approche systémique par la psychologie transgénérationnelle. À travers la compréhension de l'histoire de la famille, du parcours de chaque membre, de la maladie, des épreuves, il nous aidait à voir quel chemin nous avait été prédestiné, quelle place nous avait été attribuée. Une forme de déterminisme qui, une fois notre prise de conscience sur l'état de notre généalogie respective, nous permettrait de faire nos choix en toute conscience, en connaissance de cause, pour trouver notre juste place. Tout cela bien évidemment sur la durée et avec un travail personnel en profondeur, avec une volonté sincère d'aller chercher loin et sans crainte dans son histoire familiale.

Cet homme habitait tout proche de ma ville de naissance, nous y allions une fois par mois pendant une heure à chaque fois que nous retournions à Saintes de puis Bordeaux chez ma mère et mon beau-père. Le secret rôdait plus que jamais, prêt à jaillir.

Mon mariage à venir ne m'intéresse pas, pire, je le fuis. Je cherche par tous les moyens à le repousser, nous sommes jeunes, il y a le temps. Je sais au fond de moi que le temps ne sera jamais opportun, le temps ne sera jamais venu pour ça, avec lui. J'ai pourtant eu le modèle d'un couple heureux ensemble, amoureux, pour qui très jeune l'union sacrée a été une évidence. Moi l'évidence elle n'est pas là, elle ne l'a jamais été et elle ne le sera jamais. Peu importe, le plus important à ce moment de ma vie, c'est cette thérapie qui me permet d'aller à la rencontre de mon histoire. Je sens qu'à bientôt 25 ans, je suis à un moment important de ma vie, je vais comprendre d'où vient ce mal en moi qui me ronge, qui me bouffe, qui me laisse m'infliger des souffrances inhumaines que je ne souhaite à personne, sauf à ce moment précis à mes pires ennemis qui se trouvent justement être des membres de ma famille paternelle. La souffrance doit rester tout près de sa source et ne pas se propager hors du nid pourri.

Cette introspection dans la lignée paternelle me permet de me rapprocher un peu de ma mère, tout au moins de nous parler, plus posément, plus calmement. Je sais que tout comme moi, ma mère n'est pas convaincue de ce mariage qui se profile, toujours sans date, ni lieu, ni invités. Non pas parce qu'elle n'aime pas mon futur mari mais parce qu'elle a pu constater les névroses et méandres de ma future belle famille et que cela fait écho à la sienne. Je suis une fille loyale, je m'apprête donc à reproduire le même schéma, le sens du devoir me poursuit. Je ne crois pas aujourd'hui que ma mère s'est tue par lâcheté ou indifférence, cela ne lui ressemble pas. La vérité est qu'à cette époque, nous ne nous comprenions pas et que chaque tentative de discussion apaisée se terminait par une incompréhension mutuelle plus affirmée et profonde. L'aurais-je écoutée ? Je ne sais pas. Elle me dira après mon divorce, que j'aurais initié, qu'elle savait dès le jour de mon mariage que cela ne durerait pas à la tête que je faisais. Je n'avais en effet pas le visage d'une femme heureuse et épanouie, mais bien d'une jeune mariée qui avait signé pour prolonger le séjour en enfer. Peut-être encore très maladroit de sa part mais tellement vrai.

Lors de ces séances avec le psychothérapeute à qui j'ai fait naturellement vite confiance, mon instinct de survie s'est manifesté pour me sauver du chaos frémissant dans mon corps depuis un long, trop long moment, nous nous sommes mis à parler de nos deux familles. Ces déballages familiaux de mon copain, plutôt fiancé, ne faisaient que confirmer ce que je savais déjà et depuis les premiers jours : je m'apprêtais à rentrer officiellement dans une famille de malades pathologiques qui se transmettaient leurs névroses malsaines et vicieuses de génération en génération. Le thérapeute me faisait néanmoins délicatement comprendre que si nos deux systèmes familiaux s'étaient rencontrés sur nos chemins, c'est qu'il y avait des liens, des histoires qui se parlaient, qui résonnaient, qui se comprenaient. N'étant pas stupide, j'ai très vite compris qu'il sous-entendait que ce qui s'était passé dans la famille de l'homme qui allait devenir mon mari avait eu lieu, peut-être d'une manière différente, aussi dans ma propre famille. Une famille en effet pas si propre que ça, mais j'en avais déjà l'intuition au vu de l'état pathologique sans amélioration possible de mon oncle, le frère de mon père.

Ma mère était donc la seule qui pouvait me renseigner sur les membres de la famille du côté paternel. Soit ils n'existaient pas dans ma vie, soit ils étaient véritablement morts, réellement plus morts que vivants. J'arrive ainsi dans ma recherche généalogique minutieuse au père de ma grand-mère, je me remémore naturellement ce qu'elle me disait il y a des années, qu'elle ne le voyait pas souvent mais qu'il avait de beaux bureaux à Paris, et qu'il travaillait pour la France. J'ai bientôt 25 ans, un quart de siècle, et je m'apprête à enfin savoir ce que ma famille a fait dans le siècle précédent. Je me souviens de ce moment où nous discutions avec ma mère de son ancienne belle-famille. Je n'ai pas le sentiment que cela lui fait du mal, elle ne rechigne pas à répondre à mes questions. Après tout, c'est normal, elle n'est pas liée avec eux par le sang, pas comme moi. On se parle, c'est déjà bien. À ce moment-là, nous sommes d'accord sur un élément : ma grand-mère paternelle, Yvette, sa belle-mère, a été une cause importante de notre dysfonctionnement familial, plus particulièrement de notre incapacité à avoir une relation mère-fille « normale ». Même si je pense que ma mère aurait eu tous les éléments concrets pour pouvoir dénigrer ma grand-mère afin de justifier son absence, ses failles maternelles envers moi et bien d'autres choses encore, elle ne l'a jamais fait. Elle a toujours été respectueuse et a veillé à ne pas condamner ma grand-mère, à ne pas surenchérir sur mes colères la concernant. J'avais de toute manière ma propre idée et j'avais de mon côté assez d'éléments à charge, très factuels et rationnels, pour en vouloir à la mère de mon père. Même si la droiture parfois psychorigide de ma mère a pu me blesser dans le passé, elle a aussi eu pour mérite de me donner l'exemple d'une forme d'intelligence non négligeable pour se construire en tant qu'adulte responsable, pour être une femme digne et vaillante, au mieux, avec une fragilité bien humaine.

Assise à la table à manger, ironie lorsque l'on sait que ce secret que j'allais consciemment découvrir m'a empêchée de me nourrir normalement durant les années qui ont précédé et succédé, je lui pose sans crainte mais avec une curiosité prête à s'exprimer la question menant à la quête généalogique ultime : Sais-tu des choses sur le père de mamie ? Que faisait-il dans la vie ? Maman, continuant de s'activer, commence par m'expliquer que certains comportements de ma grand-mère peuvent s'expliquer par les conditions de son arrivée dans la vie. La première partie du secret familial est en train de s'offrir à moi, enfin, mais pour le pire.

Ma grand-mère paternelle est née le 22 octobre 1916 au cœur de la Première Guerre mondiale. Ses parents étaient très jeunes à sa naissance, ils n'avaient que 16 ans. Était-elle le fruit d'un amour pur et naïf de jeunes adolescents voulant oublier quelques instants l'horreur de la guerre ? Absolument pas. Elle est issue de deux mondes différents, deux origines sociales opposées que même l'amour à cette époque n'aurait pas pu réunir. Mon arrière-grand-père s'appelait Max et il était le fils du sous-préfet de Saintes. Mon arrière-grand-mère était la jeune fille qui venait dans la demeure pour accomplir les tâches domestiques, l'employée de maison, la « bonne », disait-on au début du XXe siècle. Cela ne ressemble en rien à une douce histoire d'amour. Le pouvoir face à la vulnérabilité… la « bonne » a-t-elle eu le choix ?

j'en doute fortement, instinctivement, mais je n'aurai jamais formellement la réponse. Mon intuition me l'a donnée, je la crois. Ces deux jeunes gens, avec une destinée bien différente en perspective, deviennent parents à 16 ans. Leur fille, ma grand-mère, va être placée à l'assistance publique à sa naissance. Sa jeune mère avait trois mois pour la récupérer avant qu'elle ne soit considérée comme officiellement abandonnée. Sa mère va aller la chercher puis partir de Saintes pour Paris après avoir confié son bébé à ses parents. Il est clair que cet évènement, pas très heureux comme il est d'usage de le dire et de le penser, n'était guère valorisant pour la famille du Préfet, cela faisait « tâche » pour l'image, les apparences. Ce sont donc les grands-parents maternels qui ont élevé ma grand-mère avec leurs modestes moyens mais un amour certain. Par sens du devoir ou culpabilité complexe à gérer au quotidien, les grands-parents paternels de ma grand-mère, le Sous-Préfet et sa femme, ont veillé à son instruction et l'ont placée dans une école et un collège protestant sur Saintes où elle a toujours dit y avoir été très heureuse. Les grands-parents maternels ont donné leur temps et leur affection, les grands-parents paternels, leur argent pour du silence. Des repères et un cadre fiable et solide qui lui ont permis de se construire au mieux au vu du contexte de vie peu favorable à l'insouciance enfantine.

La mère de ma grand-mère, qui est partie seule continuer sa vie à Paris, a rencontré un homme qui a reconnu officiellement ma grand-mère, elle a donc eu un père, par écrit à l'état civil. Elle n'aura pas d'autres enfants. Lorsqu'elle est devenue veuve par la suite, elle est redescendue vivre à Saintes et a travaillé à l'économat de la SNCF. Elle a vécu avec sa fille et son beau-fils, ma grand-mère et mon grand-père, dans l'appartement au-dessus. La rancœur et les regrets liés au passé ne semblaient pas avoir leur place. C'était une femme de caractère, courageuse, vaillante, malgré tout.

Ma grand-mère Yvette était à la fois fascinée par les origines sociales de son père et surtout des privilèges qui en découlaient mais n'oubliait pas aussi ses origines modestes maternelles qu'elle ne méprisait pas. Mais quelle a donc été la destinée de mon arrière-grand-père à la suite de la non-reconnaissance de sa fille conçue dans des conditions probablement peu avouables, déjà ?

Maman, sans vouloir me heurter cette fois-ci, va me balancer la réponse comme une anecdote parmi d'autres mais qui va avoir l'effet d'un coup de poignard dans le cœur m'empêchant de respirer, de souffler, de vivre les années suivantes. À ce moment précis où elle va me dire qui était mon arrière-grand-père et ce qu'il a fait, je vais intégrer l'information que mon cerveau va soigneusement mettre de côté dans un coin de ma tête pour tenter d'oublier l'impensable, l'incroyable, l'inacceptable, ce qui est impossible à digérer, à accepter, à accueillir.

Cette donnée empoisonnée liée à ma filiation génétique me donne à présent le sentiment d'être responsable de quelque chose d'inhumain, je suis coupable, complice de la pire des cruautés. Je ne suis pourtant ni l'un ni l'autre mais tout mon être, corps et âme, va l'intégrer comme une réalité, pour les dix années qui vont suivre. J'étais déjà en enfer, je n'avais encore rien vu, ressenti et vécu de cet univers. Le mal était en moi, c'était trop tard.

À cet instant où ma mère me révèle qui était mon arrière-grand-père, quel rôle il avait lors de la Seconde Guerre mondiale, dans le milieu du pouvoir français, rien ne sera plus comme avant. J'avais déjà le sentiment de vivre loin de la quiétude que peut offrir la vie, à présent je plonge directement dans le côté obscur, sans que l'on m'ait demandé mon avis. Ce qu'elle me dit, je ne peux l'entendre. J'ai du mal comprendre, ce n'est pas possible. Je n'ai pas le réflexe ni la force de lui faire répéter pour être sûre que j'ai bien entendu. Ces mots ont eu l'effet d'un coup fatal. Tout n'était déjà que chaos à l'intérieur de moi, et cette révélation sera l'estocade finale. C'est irréversible.

C'est trop pour moi. Je ne peux pas croire que cet homme a été complice de tout ça, cette chose innommable. J'ai une famille paternelle qui ne tourne pas rond, qui est biscornue, je le sais mais pas à ce point-là. Maman est gênée en me dévoilant cela mais elle n'a pas l'air touchée plus que nécessaire. Normal, ce n'est pas sa famille, ce n'est pas son sang, ses cellules, tous ces éléments scientifiques froids qui vous relient sans l'avoir choisi à d'autres êtres. Si cet homme n'avait pas existé, elle serait là quand même elle, sur terre, bien vivante. C'est bien différent pour moi, si cet homme n'avait pas vécu, je ne serais pas là, présente, face à elle, à écouter ces mots qui me transcendent, qui me transpercent, qui me bouleversent, qui m'achèvent pour au final me tuer. Je n'ai pas eu le temps de trop réfléchir, ou plutôt, mon cerveau a fait en sorte que j'occulte très rapidement cette information sur mes origines familiales. Mon instinct de survie va me guider vers une amnésie traumatique. Je vais mettre tout ce sang dans un coin de ma tête, enfermer ces mots de ma mère qui ont révélé pour moi l'inconcevable cruauté dont un membre de ma famille a été complice, de manière volontaire et assumée. Mon encéphale va disjoncter, péter un plomb pour me sauver in extremis, avec malgré tout des dommages collatéraux indélébiles pour les années suivantes. Il va déconnecter avec mes circuits émotionnels et ceux de ma mémoire. À cause de la dissociation opérée, je n'aurais plus accès pendant des années à cette information, que certains ignorants considèrent comme « un détail de l'histoire ».

Pendant huit années, nous n'évoquerons plus le sujet, plus cet échange avec ma mère. Ce n'est pas son histoire familiale, mais cela fait bien partie de la mienne, de celle de l'humanité. J'ai oublié, seulement consciemment. Mon inconscient, lui, va se jouer de moi, être en lien étroit avec mon corps, lui dicter ce qu'il doit faire, dire, ce que je suis incapable d'exprimer en paroles, en mots, eux que j'affectionne tant, qui m'ont pourtant déjà réconfortée de nombreuses fois, à leur lecture, dans ces moments de solitude mélancolique et nostalgique de mon enfance.

Mon corps, lui, a intégré à l'instant même et il ne tardera pas à exprimer cette souffrance, ce mal qui fait partie de moi. Tant pis, c'est trop tard, plus de retour possible. Il sait, je porte dorénavant le poids de l'histoire familiale, toute seule, les autres ne s'encombreront pas de ça, ce n'est pas leur problème, c'est bien juste le mien.

J'ai 25 ans, mes choix de vie seront désormais liés à mon histoire, une histoire qui se veut en étroite collaboration avec une des pires époques que le monde ait connues, avec la France comme responsable, complice et coupable.

La fin de mes années d'études à Bordeaux se profile. Je vais avoir mon diplôme et pour clôturer mon année, je n'ai pas envie de faire un stage dans une entreprise. Non, je veux partir à l'autre bout du monde, seule, loin de tous, pour sauver le monde à défaut de pouvoir me sauver moi-même. Bien naïvement et humblement évidemment, les utopies et les idéaux ne m'ont jamais quittée. J'ai plus que jamais une énorme et intense souffrance en moi mais je ne peux la nommer. Il est pour le moment plus facile pour moi de la voir et la ressentir chez les autres. Mon empathie excessive et incontrôlable va générer chez moi des dégâts mais l'appel des blessures enfantines et brutales est trop fort, je dois lui répondre. Je cherche sur internet et je trouve une association humanitaire, je leur écris de Bordeaux, très vite on se met d'accord. Je veux partir très loin et en profiter pour pratiquer mon espagnol, une langue chaleureuse, chantante, respirant une joie de vivre communicative, bien éloignée de ce que je ressens mais si proche de mes aspirations profondes. Je refais mon passeport, je prends mes billets d'avion et je m'envole pour le Pérou à Tingo Maria pour aller m'occuper d'enfants dont les parents sont morts ou qui ont été abandonnés parce que leurs parents n'avaient pas les moyens de les élever. Le parcours de Paris à ce petit village au cœur de la nature sauvage a été un vrai périple, parsemé de péripéties. J'ai cru mourir dix fois mais je n'ai pas été traumatisée par cela, en vérité j'étais déjà morte. À mon arrivée, tous les enfants m'ont regardée très longuement, interloqués par la créature qui arrivait jusqu'à eux. Les Péruviens ont la peau mate, les cheveux noirs raides et les yeux d'un marron foncé, l'extrême opposé de moi, blonde aux cheveux bouclés, la peau diaphane et les yeux bleus. Les premiers jours, les petites filles me scrutaient aux détails près, à la découverte de cette apparence bien étrange mais qui ne semblait pas leur faire peur. Elles m'ont touchée, toute en délicatesse, m'ont reniflée, tout en douceur, m'ont regardée, en profondeur. Tous leurs sens étaient en éveil, j'avais l'impression d'être une merveille.

Ce fut une expérience très douloureuse pour moi. J'avais rêvé de ce moment, certainement trop idéalisé l'instant, alors que j'étais incapable de gérer les émotions qui me submergeaient sans cesse, aucun moment de répit, peut-être un peu quand les enfants étaient à l'école. J'étais responsable d'une casa de six garçons, de 4 ans pour le plus petit à 14 ans pour le plus âgé. Un mélange d'enfance et d'adolescence, un assemblage de diverses souffrances enfantines qui marquent, blessent à vie et empêchent de se construire avec insouciance et légèreté, un impossible accès à une confiance inconditionnelle en la vie. Je comprends aujourd'hui que je ne pouvais pas gérer cette explosion d'émotions et de ressentis car ils étaient un miroir à ma propre souffrance d'enfant qui était toujours là, chaque jour en moi, et que je n'avais pu ni apaiser ni réparer. Je ressentais un brutal mélange entre colère, tristesse et culpabilité. Je m'en voulais de ne pas pouvoir faire abstraction de mes états d'âme pour n'être présente qu'à eux, dans la joie et les rires spontanés, partagés. C'était juste impossible. Je voyais les autres encadrants être naturellement à l'aise et moi, j'en étais simplement incapable, complètement incompétente dans ma mission. Tout cela confirmait ma croyance profonde que je n'étais pas digne d'amour, capable de rien.

Je suis partie au Pérou très mince. Je suis revenue très maigre. Il y avait à manger mais la nourriture était peu diversifiée. Il faut avoir à l'esprit que ces enfants ne connaissent pas la satisfaction de pouvoir s'acheter des gâteaux ou des sucreries quand ils en ont envie, juste pour se faire plaisir. Leurs repas se composaient de légumes, beaucoup de riz et parfois, du poulet. Une sorte de brioche sèche le matin, en quantité minimale. Ils avaient faim, se ruaient sur la nourriture à chaque repas, je culpabilisais d'avoir ma ration. Je veillais à leur donner une part de mon assiette, ils étaient contents d'en avoir un peu plus et moi je me sentais un peu mieux. Je mangeais de moins en moins, je maigrissais de plus en plus, sans m'en rendre compte. J'étais en mode « robot automatique », un blocage total des émotions, la déconnexion entre le corps et l'esprit avait été au préalable déclenchée lors de la discussion avec ma mère, la révélation fatidique.

Tout mon être était à bout. Je suis repartie plus tôt que prévu après presque deux mois au lieu de trois, et une culpabilité décuplée, j'avais échoué dans ma quête de rendre un peu plus douce le quotidien de jeunes âmes heurtées par la vie dès leur arrivée dans ce monde décidément trop infâme.

J'arrive à Paris, ma mère et mon futur mari m'attendent à l'aéroport avec un retour à l'image de l'allée, ponctué de péripéties en tout genre sur le trajet, à terre et en plein air. À leurs regards, je comprends tout de même qu'il y a un problème. Mon corps a pris la main, depuis quelque mois, quelque chose ne va pas. En effet, je ne pèse plus que 39 kilos. Ma mère me dira plus tard, avec sa délicatesse maternelle qu'on lui connaît à présent, qu'on aurait dit que je sortais d'un camp de concentration… L'empreinte du secret.

C'est la fin de l'été, je suis dans la maison familiale, celle où j'ai grandi. Je m'apprête à partir vivre à Paris, avec mon ex-mari, et mon envie toujours inexistante de devenir sa femme, qui lui ne doute pas un instant qu'il n'aura pas de difficulté à trouver un travail, il a décroché son master d'Intelligence économique, ça ne peut donc qu'aller. Sauf que nous sommes en 2008, c'est la crise, déjà latente au sein de notre couple de pacotilles.

D'ici là, tout le monde veut me faire manger. Me voir comme ça, ça a l'air insupportable. J'ai repris quelques kilos, petits kilos puisque je pèse entre 42 et 44 kilos. Je ne suis pas bien grande mais quand même pas assez grosse. Cela ne semble guère vouloir monter plus haut. Cela me convient. J'ai toujours eu conscience que ce corps, qui est bien mon corps, était laid, décharné, pas esthétique mais à ce poids, je me sentais loyale, à ma juste place, je ne sais pas à quoi et à qui mais ma petite voix intérieure, pas très bienveillante il est vrai à l'époque, me susurrait à l'oreille que je n'avais pas le droit d'aller au-delà, la limite acceptable était 45 kilos. Au-dessus, j'étais une traîtresse. J'ai pourtant toujours considéré les filles et les femmes maigres, notamment les mannequins de ces dernières années, très laides et pas attirantes. Je n'ai jamais aspiré à leur ressembler, leurs corps ne m'ont jamais fait rêver. L'idéal de femme pour moi était les femmes aux hanches affirmées, aux cuisses et fesses assumées, présentes à la vie. Cette beauté-là, elle n'était pas pour moi, je n'y avais définitivement pas le droit. Avoir ce corps, l'aimer, l'accepter, l'accueillir aurait été une trahison de ma part, et c'était donc pour tout mon être, corps et esprit, inenvisageable.

Il fallait que je puisse voir et compter avec mes doigts chacune de mes côtes, de mes vertèbres, rien qu'en me voyant dans la glace, de près et de loin. Il fallait que mes os soient saillants, de la clavicule au bassin, jusqu'aux rotules. Si l'un d'entre eux avait par malheur l'idée de s'effacer d'un jour à l'autre, avec sans nul doute une perception biaisée et subjective de ma part, leur absence passagère me rendait folle, me donnait l'envie de crever. Pas le droit de jouer à cache-cache avec moi. Je devenais incontrôlable, je me déconnectais de la réalité. Dès l'apparition de ce ressenti qui me poussait vers un instinct de mort, chacun de mes comportements était dicté par la reconquête du squelette dans sa globalité, de la tête aux pieds, jusqu'au plus petit ossement. Cet instinct de mort qui se manifestait sans prévenir m'a menée vers un intermédiaire qui paraissait insidieusement moins brutal, surtout moins irréversible, la destruction, l'autodestruction.

J'ai 25 ans, j'habite une nouvelle ville, la capitale de la France, notre cher pays animé d'une histoire, une grande histoire, vive la France. Nouvel appartement, toujours le même futur mari. La vie m'a ramenée vers l'étude du droit. Ce qui fut un désastre quelques années plus tôt sera peut-être une réussite cette fois-ci. Un mélange de droit public et de droit privé, à la quête perpétuelle de l'équilibre. Le droit, la justice, les règles et lois à respecter, pour être une citoyenne libre, en route vers la fameuse devise « Liberté, égalité, fraternité », des mots qui m'appellent, l'histoire qui me brise.

Chapitre 9
L'expiation plutôt que la vie

Nous voilà avec mon futur mari dans un deux-pièces du 12e arrondissement de Paris trouvé grâce à un ami de ma mère, professionnel de l'immobilier. J'ai 25 ans, je continue mes études et lui cherche du travail, confiant, fier de son master qui lui permettra de défier le monde économique. Je devrais être heureuse, je suis jeune, je m'installe dans ma vie d'adulte avec l'homme que je vais épouser, qui veut plus que tout que je devienne sa femme, un peu trop, moi pas. Je trouve tous les arguments possibles pour repousser ce moment, même imaginer que l'on puisse l'annuler, « Il y a le temps », mais cela paraît être sa quête de plusieurs mois. Son vœu malgré l'adversité parentale qui surdomine les autres m'a valu une colère, non exprimée mais cruellement éprouvée, pendant des mois, des années, avant, pendant et après le divorce. Je m'en suis voulu d'avoir dit oui malgré l'appel de mon corps, de mon ventre qui me criait le non, me le hurlait de vive voix. Je lui en ai voulu longtemps d'en avoir fait une obsession, le Graal à atteindre. Ce n'est pas de l'amour. Aimer la personne qui partage votre vie, pour le pire et le meilleur, et je n'avais connu que la première moitié, c'est l'écouter, prendre en considération son ressenti, ses attentes, ses aspirations. C'est parfois faire des compromis et juste être patient, ou savoir renoncer. Mon abnégation involontaire mais puissante m'a finalement menée à la mairie un 25 juillet, dans un corps frêle qui avait bien décidé à ne pas me lâcher de sitôt. Ce jour marquait la fête du prénom que portait mon infâme oncle, héritier du mal, un signe qui ne laissait rien présager de bon. Mon fiancé et moi étions seulement entourés de la famille très proche, j'avais au moins réussi à négocier cela. L'excuse de l'argent était imparable. Ses parents qui ne voulaient pas que l'on se marie, qui avaient été odieux les mois précédents et avec qui il était en froid sont venus, sans rien dire, sans prévenir. De la pure indécence. J'ai eu l'effroi de les découvrir en me retournant, juste après avoir dit ce oui, difficilement, tristement, j'avais définitivement abandonné le peu d'estime qu'il me restait. J'avais tout raté jusqu'ici, ma mère m'avait clairement dit des années auparavant qu'il n'y avait pas de raisons valables pour qu'elle soit fière de moi, comment aurais-je pu l'être moi-même. Leur apparition, comme des rois fiers de leur initiative, a symboliquement rendu ce moment tel qu'il était réellement pathétique. Depuis cet instant, en disant oui et en apercevant ses parents, j'allais avoir la nausée, elle était latente, elle préparait sa venue. Elle ne sera pas que passagère, elle s'installera avec moi, sera mon exécutoire. Ce n'était que le début, vomir pour survivre.

Le soir de mon mariage, j'ai pleuré. J'avais sangloté intérieurement depuis la prononciation de ce petit mot de trois lettres, petit et insignifiant, mais qui a personnifié ma descente dans les ténèbres, et cela s'annonçait bien pire que l'enfer. Il fallait que j'exulte. J'avais eu l'impression de ne pas m'appartenir, de ne jamais être à ma place. Je devenais la complice de ma condition, de ma propre torture. Avec ce sentiment que je n'étais pas la seule fautive. Oui, ils savaient, toutes et tous. Ce que je ne pouvais dire, mon corps leur disait. C'était visible, là, juste devant eux. Comment une femme qui se marie pour révéler à la terre entière son bonheur peut-elle ressembler à ça ? Ma posture voûtée dessinait mon corps pour leur dire depuis bien trop longtemps « Sauvez-moi ». Mon mari était « gentil » alors ce n'était déjà pas mal, je devais me sentir satisfaite, à la limite du redevable.

Trop tard, j'ai dit oui, à la vue de tous, le contrat est signé. J'ai beau être une femme mariée, j'ai toujours cette mémoire qui se joue de moi, cette lignée paternelle qui n'est pas restée dans le passé avec la jeune fille que j'étais. Le secret le gangrène bien tapi…

Je suis mariée et dégoûtée. Écœurée de moi et de ce que je m'inflige. Je m'aime donc bien si peu pour lui avoir finalement dit oui. Il est heureux, moi pas. Il est épanoui, moi anéantie.

Je ne supporte pas cette sensation qui est censée transcender. Je suis une femme mariée, « sa femme » comme il dit. Ça y est, aux yeux de tous, il me possède, je ne m'appartiens plus. Même ma carte d'identité me le rappelle au quotidien. C'est indiqué que je ne suis plus une femme libre et indépendante, bien que je ne l'ai jamais vraiment été jusque-là, possédée par un souvenir enfoui, une mémoire qui consume. Il n'a pas compris qu'être heureuse est interdit, on n'expie pas des pêchés en faisant la fête.

Il ne cesse à tout va de dire à qui veut bien l'entendre que je suis sa femme. Et moi, je suis dans l'incapacité de dire que c'est mon mari. Pourtant il ne me frappe pas, il ne me menace pas, il ne me dénigre pas, il ne fait seulement que m'aimer à sa manière. Sa présence, ses mots, son intention de voix que je ne supporte plus ne font que réveiller cette colère qui ne veut pas me lâcher. Mais qui, quoi me rend si folle, si incontrôlable, qu'est-ce qui m'incite, ne me laisse pas le choix de m'infliger ça, chaque soir ? Qui s'empare de moi à ce moment-là ? Qui appuie sur le bouton « mode automatique » pour que j'arrête de penser, de réfléchir et de trouver la vérité ?

Je suis une femme mariée. J'habite un deux-pièces à Paris dans un quartier vivant, animé, éveillé. Moi je m'éteins peu à peu, je déconstruis ma vie déjà très fragile, je casse pas à pas les briques de ma maison intérieure, qui n'étaient pas consolidées.

Chaque soir, j'oublie quelques heures que je suis une femme mariée à un homme qui ne fait que réactiver mes plaies par sa simple présence. Il fait la cuisine, je mange. Puis je ne mange plus, je me remplis. De plus en plus. Je me goinfre. Je suis méthodique. D'abord à table, puis je continue sur le canapé, devant la télé, pour être abrutie et anesthésiée pas les débilités télévisuelles. Ils sont complices de mon autodestruction qui est bien lancée, à un rythme soutenu, régulier. Je ne rate jamais ce rendez-vous avec moi-même qui me rassure. Pendant quelques heures, je ne pense plus. Je ne cogite plus. Je n'analyse plus, je ne ressens plus rien, ni le mal, ni le bien. Je suis concentrée sur une chose : ce que je mange et comment je le mange. Chaque aliment, l'un après l'autre. J'ai du mal à mélanger, cela m'indispose.

J'ai beau m'infliger des actes inhumains, je n'en reste pas moins un être vivant qui a un estomac qui n'est pas extensible à l'infini. Il y a un moment où je vais devoir me reconnecter à la réalité, aux sensations de mon corps, à mon ventre qui me dit qu'il n'en peut plus et qu'il souffre lui aussi à en exploser. Chaque soir, je suis pleine. Je ressemble à une femme enceinte prête à accoucher. Mais ce qui aurait besoin de sortir, d'être extrait, d'être dit, ne veut toujours pas se dévoiler. Alors au moment où la vérité de mon histoire pourrait prendre sa place, il est temps de revenir en arrière. Je suis remplie à n'en plus pouvoir et pourtant je n'ai pas la nausée. Il n'y a même plus d'espace pour un petit pois, pourtant, je n'ai toujours pas envie de vomir, de faire sortir toute cette bouffe, une orgie de sucré et de salé, un mélange infâme. Difficile de tomber plus bas.

Mais dans tous les cas, question de survie, il va falloir faire partir la mixture macérée quelques heures dans les méandres de mon estomac. Je vais dans la salle de bain, où il y a les toilettes. Je fais couler l'eau de la douche pour masquer les bruits qui dérangeraient, qui alerteraient trop clairement que quelque chose dysfonctionne. Un peu de radio aussi. Je mets en fond l'émission « Les Grandes gueules » sur RMC qui est rediffusée en début de nuit, elle porte bien son nom, les chroniqueurs passent leur temps à beugler en ne se laissant pas parler les uns les autres. C'est parfait, ils m'aident à dissimuler mes petits bruits. S'il m'entendait, ça révélerait au grand jour que je ne vais pas bien, que quelque chose ne va pas, que je vais mal et que j'ai envie de crever, alors que je suis une jeune femme mariée. Et dans mon malheur, toujours pas de chance. Je n'arrive pas à vomir naturellement, facilement. Je mets mes deux doigts dans la bouche et ça ne sort pas. J'ai des kilos de bouffes dans un espace réduit de mon corps et ça ne veut pas partir, je suis bien maudite. Mon corps me fera la misère jusqu'au bout, j'ai le sentiment que c'est sa mission, m'emmerder au quotidien, ne rien me faciliter, à toute heure du jour et de la nuit. La mixture veut rester, ça veut me punir, ça veut me détruire. Mais il est inenvisageable pour moi que ça puisse prendre demeure dans mon ventre. Alors j'appuie profondément, j'oublie que ça fait mal, que me ongles abîment les parois de ma gorge, de mon œsophage. Je m'en fous, ce n'est rien, je veux que ça sorte un point c'est tout.

Chaque soir, c'est le même rituel. Et mon mari ne voit rien ou fait semblant de ne rien voir alors que je suis là, dans ce petit appartement, juste à côté de lui. Il me voit m'empiffrer à table et pourtant je ne grossis pas. Peut-être pense-t-il que je fais honneur à ses talents de cuisinier, de mari prenant soin de sa femme. Pourtant il me voit m'installer sur le clic-clac qui est le premier spectateur de ma méthodique déchéance. Comment je peux manger autant chaque soir et rester mince ? Je ne suis pas une magicienne et je n'ai pas de super pouvoirs. D'autant plus que je veille à ce que la mission que je me suis octroyée soit respectée chaque matin sinon, je suis déloyale à je ne sais toujours pas à qui, à quoi. Première vérification du matin : mes côtes doivent être clairement visibles, je dois pouvoir les compter une par une. Pareil pour les vertèbres. Pas le droit de se cacher. On doit les voir, et encore mieux quand je rentre mon ventre. J'ai d'abord un squelette avant d'avoir un corps, j'ai le sens des priorités. Et si je soupçonne que les protagonistes de mon circuit digestif ont ingéré des calories contre ma volonté pour les transformer en graisses et ainsi que ma peau dissimule mes os, je deviens folle, je pète un câble, cela m'est insupportable. Une petite voix me dit que je suis une traîtresse, que j'ai failli à ma mission, que suis déloyale et que je suis méchante, indigne de confiance. J'ai fauté. Je n'aurai pas le droit d'être heureuse, ni avec moi-même ni avec qui que ce soit. Je ne le mérite pas. Elle me susurre quelque chose « C'est bien l'arrière-petite-fille de son grand-père »... Quoi ? Je n'entends toujours pas. Je ne comprends toujours pas l'origine du mal que je m'inflige. Comprendre représente une envie perpétuelle que je n'arrive pas à assouvir. Je dois être patiente, encore et toujours. Ça viendra en temps voulu.

Le chaos intérieur exulte. Je ne supporte pas que mon mari parle de moi comme « sa femme », je regrette si fort ce choix depuis la première minute de mon changement de statut que tout mon être a envie de vomir. Je ne le supporte plus, je me dégoûte. Je suis insupportable, pour moi et avec lui, et malgré tout, il est là et il reste. Les années ont suivi et je me suis complètement, totalement oublié, et je l'ai oublié aussi. Je me dis que cela doit être ça la vie, la vie à deux.

Je ne peux pas dire que je suis malheureuse, que je ne vais pas bien, que tout ça, ce n'est pas normal. Ce serait prendre le risque d'être encore plus seule alors que je le suis déjà, depuis un temps indéfinissable. On va penser que je suis folle. Je me suis mariée et je veux divorcer vite, très vite, j'ai constamment la sensation que c'est une question de vie ou de mort. Je le quitte une première fois, même pas un an après le mariage. Je l'annonce à ma famille, à ma mère. Toujours ce même regard, circonspect et blasé par ce que je lui dis, encore une fois. Peut-être ai-je eu la naïveté enfantine de croire à ce moment-là qu'elle me soutiendrait, tout du moins qu'elle me comprendrait, sans me juger. Elle m'a sèchement rappelé que je n'avais pas de travail alors c'était vraiment une très mauvaise idée. Comment j'allais vivre ? Or je ne vivais déjà plus. Elle n'était clairement pas intéressée par ce que je ressentais, par les causes de ma décision. Quant à mes frères, ils se préoccupaient avant tout se savoir comment mon mari le prenait, comment il allait, il est si « gentil ». En fait, je suis la méchante, l'ingrate, la capricieuse qui ne se contente pas d'un mari gentil même si sa famille est complètement névrosée et malsaine. Je pourrais prendre un peu sur moi enfin ! Je n'ai pourtant fait que ça toute ma jeune et brutale vie.

Alors je reste, je me convaincs que c'est passager, c'est la peur de l'incertitude qui s'est exprimée. Je m'excuse même d'avoir eu une telle idée, une si profonde envie de partir. À partir de ce jour, de mon retour dans les méandres de mon existence, mon corps et mon esprit vont se déconnecter, tout en gardant un lien insidieux, toujours caché, sans rien dire. Je ne fais plus partie d'un tout, je ne suis simplement plus rien. Chacun va faire sa vie, mon corps m'entraîne vers la destruction avec un niveau plus élevé, il croit en mes capacités de résistance. Quant à mon esprit, il va partir loin, intellectualiser de manière infinie. L'horreur que je vais m'infliger finira un jour par me sauver du fond, mais il faudra être patiente, vaillante, résiliente. Chaque chose en son temps.

J'ai 26 ans, je suis jeune mariée, ni heureuse ni amoureuse. Comment peut-on aimer un autre quand on a un rejet viscéral de son être tout en entier ? J'ai arrêté mon master de droit et d'économie pour chercher du travail parce qu'une fois encore, rien n'est simple, l'histoire de ma vie qui me poursuit.

Mon mari finit par trouver du travail et entre dans l'univers de la politique, à Paris. La vie politique dans la capitale n'est pas la même qu'en province. Comme vous le diront tous ceux qui la composent : le pouvoir est ici, les décisions prennent leurs origines, à défaut de leur sens, au cœur de la capitale française.

J'ai très tôt été intéressée par la politique, les hommes et les femmes qui faisaient fonctionner ce système qui me semblait décider du sort du monde, tout au moins d'un pays. Mon premier souvenir marquant est celui de l'élection présidentielle de 1995, je venais d'avoir 12 ans. Nous étions avec mes parents, ma grand-mère paternelle, mes frères vaquaient à leurs occupations de jeunes hommes. Je suis issue d'une famille de gauche, mes parents étaient ouvertement socialistes, ma grand-mère était là encore ambivalente, multifacette, une sorte de caméléon habile. Ma grand-mère Yvette avait un côté très communiste préoccupé par le sort de la classe ouvrière comme on disait à l'époque et un aspect très droite traditionnelle et conservatrice dans certaines circonstances. Mes parents nous ont éduqués avec l'esprit de partage, de la curiosité d'autrui, quelles que soient la religion, la nationalité ou l'origine sociale. La différence était incontestablement la plus belle des richesses. Ils nous ont très tôt expliqué que nous étions plutôt privilégiés et que cela s'expliquait par le fait qu'ils travaillaient beaucoup et que cela nous permettait de ne pas avoir de problème d'argent au quotidien. Ils ont toujours été généreux, parfois trop certainement. Ma mère temporisait, heureusement, car mon père avait tendance à penser que l'argent est fait pour être dépensé et surtout partagé, sans aucune distinction qui aurait peut-être été parfois nécessaire. Mon père n'avait bien évidemment pas envisagé qu'il allait mourir quelques années plus tard.

Je me souviens que mes parents donnaient de l'argent à diverses associations ou causes, notamment Les Restos du Cœur, d'autant plus que Coluche avait fait partie de notre quotidien, c'était la référence de l'humour à la maison. Chaque année, ma mère faisait le tri des vêtements, c'était un rituel, et il était de coutume de les donner à Emmaüs.

En fait, quand j'y repense, nous avons été élevés à la catholique sans la pratique religieuse dominicale… sauf moi qui allais à la messe le dimanche matin avec ma grand-mère Yvette et la mère de mon amie d'enfance Caroline, ma copine qui sera éternellement ma sœur de cœur. Toute la fratrie a fait du catéchisme, nous étions habillés petits chez Jacadi et moi j'avais la petite coupe au carré, la raie sur le côté avec la petite barète qui retient la mèche de devant un peu trop rebelle. Nous étions toujours bien apprêtés, rien à redire en ville.

J'ai donc grandi dans une famille de gauche dans les paroles et dans les actes, oui, sans nul doute. Mes parents étaient des commerçants, avec un nom de famille connu et reconnu dans notre petite ville charentaise alors les usages traditionnels devaient aussi avoir leur place dans la vie quotidienne. Je n'avais pas encore l'âme d'une rebelle, cela ne me dérangeait donc pas.

Non en effet, j'avais bien l'âme de la petite fille qui veut changer le monde, tout au moins y contribuer à sa petite hauteur due au jeune âge et à l'expérience encore peu développée.

Je ne comprenais pas pourquoi les gens étaient aussi méchants, criaient et s'entretuaient dans le monde entier. Oui, je pensais « La guerre, c'est mal » et qu'il fallait bien trouver des solutions pour que certaines personnes empêchent cela et décident d'un monde un peu plus juste et surtout moins con.

En regardant et écoutant les informations de 20 h que nous regardions en famille, j'avais bien vite compris que les messieurs et mesdames qui pouvaient décider d'une autre société étaient la plupart du temps à Paris et faisaient notamment partie d'un Gouvernement et d'une Assemblée nationale.

Revenons à mai 1995 et à mes 12 ans. Le socialisme prédominant dans notre foyer, la ferveur était plutôt du côté de Lionel Jospin. Et bien zut pour la famille, c'est Chirac qui gagne. La déception, après deux septennats de Mitterrand, et cela ne remplissait pas de joie mes parents de revoir la droite au pouvoir. Ne connaissant pas encore les subtilités binaires des deux principaux partis de l'époque, j'étais de mon côté ravie que Jacques Chirac soit élu. Je n'avais bien entendu pas analysé son programme mais j'avais été marquée par sa bonhomie, ses grands sourires et rires non dissimulés. Je me disais « Cet homme aime les gens et prend plaisir à être à leur contact ». Est-ce que c'était sincère, je ne me posais pas la question, mais je le trouvais bien plus avenant et enthousiaste que Jospin que je considérais comme soporifique, voire chiant. J'avais comme les adultes besoin de rêver un peu en un monde plus juste et équitable, être emmenée par une dynamique enjouée, et il n'émanait pas du candidat de gauche une joie naturelle et communicative.

Quelques mois plus tard, en janvier 1995, François Mitterrand meurt d'un cancer, ce dernier trop souvent plus fort que la vie. Je me souviens de ce soir d'hiver où je rentre du collège. Je suis revenue en bus et je m'apprête à entamer le chemin vers la grande maison de pierres au commencement de la longue allée. Je vois ma grand-mère au loin qui m'attend. Il fait froid, un vent glacial, que fait-elle là, dehors à m'attendre ? Je ne m'inquiète pas, j'ai l'habitude de la voir, de l'entendre, où que je sois. Elle n'est jamais bien loin. Mais cette fois-ci, l'air est grave, le visage marqué par une nouvelle, un évènement même, qui est arrivé dans la journée. J'arrive doucement vers elle, sans détour ni introduction préalable, elle m'annonce d'un ton aussi froid que le vent que « François Mitterrand est mort ». Alors c'est une nouvelle bien triste, je ne peux qu'être d'accord mais malheureusement il n'y a rien d'étonnant puisqu'il souffrait d'un cancer depuis des années, nous le savions tous et il présageait depuis quelque temps que cela allait potentiellement se produire prochainement. Et moi je n'ai que 12 ans et d'autres préoccupations. De même, bien que la Charente faisait partie intégrante de son histoire, ce n'est pas un membre de notre famille que nous venons de perdre, sans vouloir atténuer le rôle qu'il a joué dans chaque famille française pendant des années, bien avant même d'être à la tête de notre nation.

Elle était bien plus que touchée, elle était réellement bouleversée, jusqu'à un besoin viscéral de partager avec moi cette nouvelle… Pourquoi était-elle aussi atteinte, cœur et âme ? Quelle blessure personnelle cette mort réveille-t-elle en elle ? Pourquoi un homme d'État, de la vie politique et pas de sa propre vie, fait si douloureusement écho en elle ?

J'aurai la réponse dix ans plus tard. La mort de cet homme politique, acteur et protagoniste de l'histoire française réveille la perte d'un proche, 20 ans plus tôt, aussi d'un homme, d'un père, qui aura été aussi protagoniste de l'histoire du pays… Responsable ? Coupable ? Complice ? Tout cela est encore, pour mes jeunes 12 années de vie, très flou, obscur, ambigu.

Je suis une enfant, une adolescente puis une jeune fille idéaliste qui veut rendre le monde meilleur. Alors je me dis que moi aussi un jour, je m'engagerai en politique pour œuvrer avec d'autres personnes qui ont les mêmes idéaux que moi. Après la mort de mon père à mes 15 ans, la vie me bousculera et cette aspiration sera mise de côté. Mais la vie passera et une rencontre providentielle m'amènera de manière imprévue aux portes de la vie politique parisienne. J'ai donc 26 ans, je suis perdue, je cherche toujours ma place et sans que je ne le demande, on me propose de venir voir ce qui se passe au sein du parti radical Valoisien présidé par Jean-Louis Borloo, lors d'une réunion dans un ministère, celui de l'Écologie. J'ai arrêté mes études en master, je n'ai pas de travail, je suis vidée d'émotions… Est-ce le moment idéal ? Je ne me pose pas la question, ma curiosité et ma foi inébranlable en une société plus éthique m'appellent. En janvier 2010, presque 15 ans après l'élection de Jacques Chirac, me voilà entrée chez les centristes. Jean-Louis Borloo est pour moi un véritable humaniste, un homme avec une intelligence atypique, engagé, libre et rebelle, l'évidence est là, je suis au juste endroit. Parallèlement, j'ai l'idée bien ancrée sans pouvoir véritablement l'expliquer que les hommes de gauche sont des lâches, particulièrement ceux qui se présentent comme socialistes. Je comprendrai ma croyance profonde quelques années plus tard.

Pendant des années, je vais continuer à m'infliger cette vie qui me bouffe, sans réussir à entrevoir une autre issue possible que cette destruction corps et âme que je me fais subir. Pourtant, la vie sait révéler en nous des ressources insoupçonnées qui nous permettent de surmonter ce qui ne semble pas l'être avec une force d'une puissance implacable. Par un instinct de survie qui ne m'a plus jamais quitté, je vais prendre la décision cette fois-ci irréversible de quitter mon mari le 24 avril 2012, malgré l'absence de travail, malgré l'incertitude de l'avenir, malgré le risque de ne pas être soutenue une fois de plus par ma famille. Mon intuition me crie à nouveau qu'il faut fuir, cette fois-ci je l'écoute. À la fin de ce master d'économie et de droit de l'assurance que j'avais décidé de suivre quelques mois plus tôt, je le quitte, je demande le divorce, je ne veux rien de lui, pas un centime, juste qu'il parte, que ce soit rapide, ne plus être lié à lui, par le corps, par le nom de famille.

À quelques mois de mes 30 ans, je suis enfin divorcée. En parallèle de la procédure de divorce, je réussis par une force de conviction couplée à de rudes efforts à entrer dans une grande institution pour y réaliser ma thèse. J'avais secrètement rêvé d'écrire une thèse dans le passé sans jamais m'en sentir vraiment capable, d'autant plus que chaque tentative se soldait par un échec. Cette fois-ci, rien ne m'arrêterait, pas même les éternels septiques quant à mes choix de vie, j'allais y arriver. Animée par mes ressources intérieures qui s'étaient vaillamment affirmées, je n'ai pas pensé une seule seconde que cela ne pouvait pas marcher. Et ça a marché, une directrice de cette institution a cru en mon projet. Quinze jours avant que mon divorce soit prononcé par le juge, je commence cette nouvelle aventure intellectuelle dans la pensée, les concepts et les idées. Ma thèse, son sujet et sa problématique seront le centre de ma vie pendant un peu plus de trois années. Je ferai abstraction de tout, ce sera ma vie jour et nuit, je continuerai d'oublier de ressentir, je ne ferai que penser, analyser, apprendre, comprendre, expliquer, justifier… mon corps est toujours aussi discret, il ne se remet pas du passé, de ce qui est là, de ce qui n'est toujours pas dit, de ce secret familial toujours enfoui dans l'inconscient. Peu importe, je dois aller au bout de ma thèse, le plus dur n'est pas de la commencer, le plus dur est bien le chemin et sa finitude. Même si le sujet, l'objet de ma thèse m'obsède chaque heure du jour et de la nuit, le secret rôde et il veut sortir, là, maintenant, à mes 32 ans.

Cela fait quelques mois que je suis une psychothérapie avec une approche intégrative. J'avais conscience que quelque chose de profond en moi m'empêchait de me sentir mieux, juste bien. Quelque chose qui me dépassait dysfonctionnait. J'étais lucide sur mon état, ce qui le rendait encore plus douloureux. La vie m'a permis de rencontrer sur mon chemin la personne qui m'a aidée à faire rejaillir le secret, le tabou familial qui m'accompagnait discrètement depuis des années. J'allais voir ma psychothérapeute une fois par semaine depuis quelques mois. J'avais entamé ce travail personnel en cours de thèse. C'était éprouvant, j'avais le sentiment d'être parfois plus mal en sortant de séance qu'à mon arrivée. Normal, elle m'aidait pioche par pioche à déterrer des cadavres, à soulever des tas de cendres.

À quelques semaines de soutenir ma thèse, épuisée par toutes ces années de luttes, de combats avec moi-même, vint la séance du mardi salvatrice, le moment où le secret a ressurgi dans la réalité de ma vie.

Chapitre 10
La révélation du secret

Chaque mardi à 10 h je retrouvais Nathalie, ma psychothérapeute. Il y a eu des mardis plus difficiles que d'autres, ces matins où on l'on préfère rester chez soi parce que l'on sait que quelque chose va se passer, nous surpasser, nous abîmer un peu plus, pour laisser la place plus tard à la réparation. L'intuition vous dit que c'est le chemin vers la quiétude mais elle semble bien loin, parfois inimaginable tellement la souffrance est latente et les blessures sans cesse réactivées. Mais la foi est toujours là, à toute épreuve. Et la confiance également, l'assurance que Nathalie m'aidait, qu'elle ne me lâcherait pas et que c'était elle qui allait me guider vers autre chose, une vie plus douce, peut-être.

Ce mardi de novembre marquait les derniers mois de ma thèse. J'étais épuisée, mon corps, ma tête n'en pouvaient plus de ces nuits sans dormir, de ces longues périodes sans me nourrir, en me faisant mal, à passer d'un extrême à un autre, à ne jamais atteindre l'équilibre pour durer, tenir. Tout se mélangeait dans mon esprit, j'avais l'impression de devenir folle et la conscience de cet état m'était insupportable.

Comme si j'étais arrivée à un point de non-retour, mon cerveau à ce jour-là décidé de débloquer le petit coin de ma tête où s'était réfugié vicieusement le secret familial. Après des années, des longs mois à venir chaque mardi à 10 h, parsemées de semaines où j'ai fui parce que le ressenti était émotionnellement ingérable, j'ai pu nommer ce qui m'était impensable de croire. J'ai posé des mots, sans intellectualiser, spontanément, sèchement, à la hauteur de ce qu'ils révélaient.

Cette séance de novembre, je l'ai occultée par la suite, comme le secret qui m'avait été confié des années plus tôt. Mais il y a une personne qui n'a pas oublié et qui se souvient de notre échange, de chaque mot prononcé de sa part et de la mienne, et qui m'a relaté ce moment décisif sur mon chemin de vie, peut-être aussi du sien.

Lors d'un échange téléphonique quelque temps après la fin de ma thérapie lorsque j'avais quitté Paris, Nathalie m'a raconté avec ses mots cette séance décisive durant laquelle elle-même avait vécu un moment fort et bouleversant.

Comme tous les mardis matin, elle m'attendait à son cabinet. C'était en novembre 2015, le mois de novembre était une période particulière pour moi, importante, comme si un sens pouvait s'y dessiner. J'aime le froid mais novembre 2015 était plutôt doux, un autre froid, glacial et glacé, soufflait doucement sur Paris depuis le 13. De ces froids que personne n'aime.

Dans quelques semaines, j'allais soutenir ma thèse, une thèse dont je disais que j'y défendrais une approche pluridisciplinaire avec du droit, de la philosophie, de l'économie et de la psychologie. Il y avait comme une urgence à oser un mélange qui risquait d'être peut-être mal accueilli par les universitaires. Je le pressentais mais j'étais décidée, depuis des mois, à défendre cette pluralité qui semblait être la condition d'une unité. Un mélange comme une ouverture, une autre perception possible sur le monde.

J'ai sonné et Nathalie m'a ouvert la porte. Elle ne se souvenait plus très bien par quel chemin de mots la question de ne pas pouvoir manger des aliments mélangés a envahi l'espace du cabinet. Puis à un moment donné, j'ai dit « Je n'aime pas mélanger », cela semblait pour elle être sans appel, sans question et sans doute.

NATHALIE : Il ne faut pas mélanger… tout mélanger ?

CAROLE : Rien.

Elle repensait à mon père, enlevé par un cancer, un été au mois d'août. À la mère de mon père, ma grand-mère, une bâtarde née d'un rapport entre une « bonne » et le « fils de famille », de la famille où mon arrière-grand-mère travaillait.

Le mélange. L'enfant, ma grand-mère, n'avait jamais été reconnu mais ce très jeune père avait été un peu là, sans donner son nom. Il était grand adolescent quand il avait fait cette petite fille illégitime. Un mélange qui avait marqué l'histoire de la famille paternelle.

Ma grand-mère s'est beaucoup occupée de moi quand j'étais enfant, elle m'avait désignée un peu comme l'héritière de quelque chose, un bâton de vieillesse, celle qui est là, écoute et soutient. C'est comme cela que Nathalie avait imagé cette relation pour que je puisse avoir accès à la réalité par un autre chemin.

Pas de mélange, trop de mélange ? Selon Nathalie, cela semblait cousu de fil blanc, trop, bouche cousue. On ne mélange pas les aliments.

Elle demande « Alors, les aliments pas mélangés… Vous pourriez dire qu'ils sont comment ? ». Un mot tombe, sèchement, comme un caillou qui vient troubler la surface de l'eau, un mot très court, « Purs », avec la même affirmation dans ma voix.

Elle le trouve, dit comme ça, très tranchant. Il vient couper le fil blanc de sa pensée, tout en lui donnant une autre profondeur. Elle pense *du sang pur*, d'où cela peut-il venir ? La pureté du sang, la pureté de la race. Dans son écoute, il y a comme une évidence, c'est suffisamment rare pour qu'elle écoute cette évidence qui vient comme un écho au « pas de mélange » et au « pur ». Elle aurait pu avoir d'autres associations, femme impure, un son pur, ce jour-là il n'y a que cette idée de pureté de la race… Elle essaie de chasser les images d'un documentaire où Hitler monologue devant une grande assemblée. Elle remarque qu'elle associe sur la bâtardise de la grand-mère, peu de temps, les éructations nazies qui reprennent le devant de sa scène psychique. Elle a comme l'impression d'être salie par ces idées. Est-ce que ces ressentis lui appartiennent ou sont-ils en lien avec le « surtout pas de mélange » ?

Le silence s'est installé dans le petit espace du cabinet depuis un moment, comme si le « pur » que j'ai énoncé avait créé quelque chose, un espace. Nathalie cherche à mettre de côté cette traversée dans les vieilles images, Elle se dit que peut-être les attentats tout récents à quelque centaine de mètres du cabinet l'ont affectée et l'empêche d'être là. Que peut-être Hitler viendrait de là, mais les sentiments qui la traversent lui paraissent étranges. Cela fait peut-être beaucoup d'anges tout ça, des mélanges étranges.

Elle rompt le silence pour revenir à moi, qui suis là face à elle fin novembre, « Pur ? » Elle redit le mot, elle y met de la douceur, lui semble-t-il, pour chasser une part d'obscurité, elle la travaillera en supervision, ce n'est pas le moment.

« Oui, pur », ma voix a changé, elle est comme celle d'un oiseau. L'aboiement nazi revient. Peut-être faudrait-il qu'elle en dise quelque chose ? Rien n'est cousu de fil blanc, mais parfois, un fil symbolique coud les lèvres des enfants. Cela s'appelle le secret. Très rapidement, l'histoire des bébés qui sauraient tout dans le ventre des mamans dont un ange poserait un doigt sur la bouche passe.

Le secret, l'oubli. Il faut en dire quelque chose, elle cherche une phrase, la plus douce possible, où elle mettrait le moins possible d'elle pour faire de la place pour moi.

NATHALIE: Votre famille, que faisait-elle pendant la Seconde Guerre mondiale ?

La phrase semble sortie de nulle part, loin de la thèse, de la peur de mélanger des aliments qui, impurs, pourraient peut-être embêter le corps.

CAROLE : Je ne vous ai jamais dit ?

NATHALIE : Non.

CAROLE : Mon arrière-grand-père était ministre dans le Gouvernement de Vichy.

NATHALIE : Le père de la mère de votre père ?

CAROLE : Oui.

NATHALIE : Et il assumait quelles fonctions ?

CAROLE : Ministre de l'Agriculture.

Un long silence…

NATHALIE : Ça consistait en quoi pendant la guerre ?

CAROLE : Le ravitaillement.

NATHALIE : Ah, et le rationnement ?

CAROLE : Oui.

Elle se souvient de mon visage, il est bouleversé.

NATHALIE : Vous ne m'aviez pas dit…

Un voile vient de tomber, un voile cousu de fil blanc peut-être. Dire qu'elle avait failli aussi ne pas s'écouter et surtout ne rien dire. En fait, elle était restée toute la séance avec moi, sans le savoir.

Des années après, elle sait que l'une des choses qui lui servent d'inspiration dans sa pratique, c'est le mouvement de la psychothérapie institutionnelle. Il s'origine, entre autres, dans l'histoire d'un hôpital psychiatrique, pendant la Seconde Guerre mondiale. Les restrictions alimentaires frappaient le pays, comme un écho sourd de la guerre que menait le 3e Reich ailleurs. Max Bonnafous, ministre de l'Agriculture et du ravitaillement, était confronté au problème de nourrir les Français. Les patients internés en psychiatrie avaient été rationnés, plus que les autres et depuis le début de la guerre, malgré l'intervention de la femme du ministre, psychiatre, qui voulait protéger les patients, Max Bonnafous a continué ce rationnement drastique. La psychiatrie française était affamée.

Tosquelle, psychiatre, dirigeait alors Saint Alban, il ne voulait pas que ses pensionnaires meurent… Il fallait inventer quelque chose, du côté du possible et de la vie, vite… Il a ouvert les portes de l'asile, les patients sont allés aider les fermiers et ont été payés en denrées alimentaires. C'était une révolution, les relations soignants-soignés n'étaient plus les mêmes, la question de la liberté, de la créativité, le questionnement autour de la co-construction d'un espace de soins étaient là, toujours un peu, nous l'espérons en tous cas.

Ce fut une séance où elle a pu elle-même ressentir un peu la peur de tout mélanger de sa patiente que je représentais alors qu'il ne s'agissait que de remettre les choses à leur juste place, où elle a pu ressentir comment les secrets de périodes passées peuvent se tapir dans l'ombre et continuer peut-être d'être agissants. Remettre de la transmission par les mots, les histoires, parler, dire pour transformer. Dans les mois suivants, Nathalie me proposera d'aller lire des choses sur mon arrière-grand-père, Max Bonnafous, et de m'en raconter un peu, sans jugement, juste pour rendre les choses possibles.

À partir de ce jour-là, de ce moment-là, de ces mots prononcés, dans la douleur, j'ai pu entrevoir discrètement un autre chemin de vie possible.

Mais cette autre destinée en perspective ne pourrait être visible que par la recherche, l'apprentissage à défaut de la compréhension, de l'histoire de cet ascendant paternel, mon arrière-grand-père, Max, Jean-Marie, Antoine Bonnafous. À ce moment-là, je voulais tout savoir pour tout comprendre. Mais cela fait plus de 80 ans que nous sommes des milliers, des millions à vouloir comprendre ce qui est impossible à comprendre. Comme tous ceux qui ont été touchés de près ou de loin, je voulais trouver des explications sur une part du passé qui si elle peut être explicable pour certains, reste inacceptable pour tous.

Chapitre 11
La déconstruction

Cette prise de conscience, ce mouvement dans mon cerveau de l'inconscient vers le conscient de cette connaissance, a été extrêmement brutale, violente, à l'image de ce qu'il avait fait, où tout au moins ce que j'imaginais de ce qu'il avait fait, et de ce que j'avais ressenti depuis mes plus jeunes années.

À la veille de mes 33 ans, docteure et plus la tête dans ma thèse pour me permettre de fuir cette donnée inhérente à mon histoire familiale, il était temps de faire face. Faire front à l'innommable.

J'ai écouté Nathalie et la confiance que je lui portais naturellement m'a aidée à suivre sa suggestion d'aller découvrir, comme je le pouvais, qui était cet homme, mon arrière-grand-père paternel. J'avais en tête ses mots : « Mon expérience m'a montré qu'il est possible d'interrompre le cours des répétitions de l'histoire, au moins à échelle humaine. Peut-être un par un. C'est parfois ce qu'il se passe dans mon cabinet. La violence peut être transformée, elle a peur des mots qui disent, qui font exister chaque humain dans sa singularité ».

Elle m'avait dit que pour que les choses s'arrêtent, il fallait pouvoir les conjuguer au passé. J'avais compris que si je ne voulais plus subir une violence qui ne m'appartenait pas et qui était indépendante de moi, de mes actes, je devais me confronter à la réalité de ce qu'était cet homme. Me positionner debout face à la vérité pour la transformer en une future plus vaillante et juste.

Ma grand-mère paternelle, sa seule et unique fille qu'il n'a jamais reconnue à l'état civil, était décédée depuis plus de dix ans. Mon père parti rejoindre un ailleurs sans adresse depuis dix-sept années. Les autres membres de la famille paternelle qui auraient pu me donner des informations, le frère et la sœur de mon père étaient respectivement vicieux et faible, chacun prenant aussi des aspects peu flatteurs de l'autre. L'incarnation du mal avait trouvé ses cibles pour prolonger la mise en pratique de la lâcheté familiale. À la mort de ma grand-mère, mon oncle s'était empressé de retirer tous les éléments qui auraient pu m'aider dans la compréhension de cette histoire passée, toujours agissante.

C'était donc à moi, chercheuse dans l'âme depuis bien longtemps, de trouver des réponses à des questions dont je n'avais jusque-là pas conscience, d'aller fouiller en tentant, vainement, de mettre de côté mes préjugés sur cet homme que j'avais uniquement grâce aux informations données par ma mère et les connaissances que j'avais acquises seule au fil des années sur cette période sombre de l'histoire de l'humanité. Chaque partie prenante avait soigneusement pris soin de camoufler le secret, soit en faisant disparaître toutes les informations, soit en quittant ce monde une bonne fois pour toutes.

Avant même d'écrire son nom sur un moteur de recherche bien connu de tous, j'étais écœurée, cette colère était là et je sentais bien qu'elle n'avait pas l'intention de partir de sitôt. J'avais toujours détesté les lâches, ceux qui mentent fièrement, qui usent de la peur et de la menace pour combler leurs frustrations à cause d'un ego heurté mal placé et d'une volonté qui en découle d'être dans la lumière, une lumière superficielle, une lumière artificielle qui révèlent seulement une obscurité destructrice et sournoise.

Le plus dur a été de commencer à écrire son nom, puis d'y associer différents termes indigestes pour moi, mais pas seulement, tels que « Max Bonafous ministre Gouvernement de Vichy ». Rien que de l'écrire, en ayant à présent à l'esprit que j'étais descendante de cet homme, me transperçait tout le corps, cœur et tripes. J'ai vu apparaître son visage qui semblait être d'un autre temps, une silhouette qui m'a inspiré une pensée spontanée : avec cette insignifiante petite moustache sous le nez et un embonpoint sans tonicité, il ressemblait à Hitler qui aurait mangé trop de loukoums, lobotomisé par trop de bêtises, de haine et d'ignorance. Mais au-delà de cette pensée incongrue, c'était le « portrait craché » de ma grand-mère et du frère aîné de mon père, qui a su prendre la relève en étant un homme non recommandable, détestable. Oui, j'ai aussi pensé « Dieu merci, papa ne lui ressemble pas, et moi non plus ».

À côté de données et informations officielles provenant de services de l'État, j'ai trouvé une vidéo de l'INA qui avait conservé son discours lors de la venue du maréchal Pétain au congrès de la paysannerie à Vichy le 12 février 1943, quarante années avant ma naissance. La vidéo a été vue 684, je dois être la visionnaire pour plus de la moitié. Cette vision réelle, son corps en mouvement, sa voix en action, son regard de lâche, qui ne m'inspiraient que du mépris, me semblaient pourtant surréalistes. Je dois avouer que j'ai eu, avec ma perception aujourd'hui à 40 ans après toutes ces années passées, une approche assez égocentrique quant à cette non-acceptation de qui était et avait fait cet homme. Au-delà d'avoir été acteur d'un crime contre l'humanité, j'étais issue de sa lignée, je ne pouvais oublier que si cet homme n'avait pas existé, je ne serais pas là, vivante, même si je me sentais morte. J'avais une part de son sang, de ses gênes. Mon existence n'aurait pas pu être possible sans lui. Mais en vérité, ce qui importait n'était pas ma petite condition de descendante d'un monstre mais bien sa contribution et sa complicité dans la mort et l'extermination de plus de six millions de juifs lors de la Seconde Guerre mondiale, même si je ne savais et ne saurais jamais tout, j'imaginais et c'était déjà bien trop.

J'ai regardé à de nombreuses reprises cette vidéo, circonspecte, anesthésiée, ces guignols au pouvoir maléfique à s'auto-complimenter face à une assemblée exclusivement masculine, bien évidemment aucune femme en vue.

Après avoir cherché, trouvé et regroupé des informations factuelles sur mon arrière-grand-père, durant de longs mois car chaque étape était pour moi éprouvante, j'ai pu définir une partie de qui il était : Max, Jean-Marie, Antoine Bonnafous est né le 21 janvier 1900 à Bordeaux et décédé 75 ans plus tard le 16 octobre 1975 à Nice. Il était le fils du Sous-Préfet de Saintes, ville où je suis née. A 16 ans, il est devenu le père d'une enfant, ma grand-mère paternelle Yvette, conçue avec, en employant la dénomination de cette époque, la « bonne » de la famille comme ils disaient, qui avait le même âge que lui. Il ne semble pas nécessaire de préciser que ce bébé n'a pas été le fruit d'un amour de jeunesse insouciant et pur, mais bien la conséquence d'une emprise d'un jeune homme face à une jeune fille, issus tous deux de deux classes sociales opposées, dont l'une a un ascendant sur l'autre, le pouvoir et l'argent permettant tout. La vérité, pour la nommer clairement, est que mon arrière-grand-mère maternelle, au service de la famille Bonnafous, n'était pas consentante. Clairement, a-t-elle été violée ? Je n'en ai pas la preuve, je n'en ai que l'intuition. Ma grand-mère, unique fille de cet homme qui n'aura jamais d'autres enfants, naturelle et illégitime, n'a donc jamais été reconnue par son géniteur, par son père biologique. Pendant que la famille Bonnafous continuait sa vie sans l'ombre d'une inquiétude, le bébé, ma grand-mère Yvette, a été placé à l'assistance publique jusqu'à ses trois mois, moment où sa famille maternelle est venue la récupérer. Yvette n'a pas été reconnue par son père biologique à l'état civil mais, probablement pour alléger leur conscience et par un sens du devoir optionnel, les parents Bonnafous ont veillé à leur manière à son instruction en la faisant entrer dans une école protestante où elle disait avoir été heureuse. Pendant ce temps-là, Max Bonafous a réussi à occulter sa paternité et les devoirs qui en découlent pour avancer sur son chemin vers le pouvoir, en réalisant en parallèle un brillant parcours universitaire. Après avoir fait Khâgnes à Bordeaux et le lycée Henri IV à Paris, il est entré à l'École Normale Supérieure en 1920, pour obtenir en 1924 l'agrégation de philosophie. Il a développé par la suite un fort intérêt et une expertise en sociologie politique.

Lorsque j'ai pris connaissance de son parcours politique, cela m'a confirmé l'idée que je me fais aujourd'hui de la plupart des hommes et femmes politiques, celle d'une incohérence provocante entre leurs paroles, leurs idées et leurs actes. Je me suis demandé : comment peut-on défendre des idées sociales et tout ce qui va avec, dire vouloir œuvrer pour une plus grande humanité et égalité, et finir par contribuer à l'extermination d'une communauté parce qu'elle est purement et simplement juive ? Comment peut-on penser que les juifs étaient une race à exterminer à tout prix, ou bien était-ce une peur des nazis ? En réalité, il était au cœur du pouvoir exécutif politique, comment est-ce possible de ne pas savoir ce qu'avaient initié les Allemands nazis. Il savait, il a choisi de faire, de se rallier, de participer. On a toujours un libre arbitre, il a fait le choix d'être acteur de ce crime contre les juifs.

Max Bonnafous a été candidat au parti socialiste SFIO aux élections municipales de 1925 dans le quartier de la Sorbonne et battu face à un radical au second tour du scrutin. Parallèlement à son chemin politique, il a été enseignant en philosophie au lycée de Galatasaray à Constantinople de 1926 à 1929. Puis il est rentré en France. Le comité français pour l'Édition des œuvres de Jean Jaurès lui a proposé de comparer ses écrits afin de reconnaître les concordances et les divergences, et de présenter ses textes. En 1931, Le premier tome est paru et celui-ci a été salué par Léon Blum. Je choisis de ne pas écrire la pensée élogieuse de ce dernier, elle m'indispose ayant moi-même à l'esprit ce à quoi il contribuait dix années après. Huit années plus tard, en 1939, quelque temps avant le début de la Seconde Guerre mondiale, il y a eu la parution du 9e et dernier tome avec des discours et des articles de 1914. Avant cela, en 1930, il a été nommé maître de conférences de sociologie politique à la faculté des Lettres de Bordeaux. Il y fera la rencontre d'Adrien Marquet avec qui il deviendra proche ami et qui le mènera vers une voie politique. L'année 1933 a marqué un tournant : du 14 au 17 juillet, lors du XXXe congrès de la SFIO à la Mutualité à Paris, les porte-parole Déat, Marquet et Montagnon ont défendu un socialisme que rejetait fermement et brutalement Léon Blum. À l'automne 1933, Max Bonnafous a rédigé de nombreuses pages en guise de commentaires pour apporter une réponse aux articles de Léon Blum qui s'opposait à la nouvelle trajectoire que prenait la SFIO « *Nous ne voulons pas, un beau jour, être obligés de choisir entre deux routes, dont l'une mène au ralliement honteux et l'autre à l'exil* ». C'est pourtant bien ce qu'il a décidé de faire quelques années plus tard en rejoignant le gouvernement de Vichy en tant que secrétaire d'État puis ministre avant de partir se retirer discrètement à Nice à la fin de la guerre, dans un cadre de vie bien plus doux et paisible que ce pourquoi il avait œuvré quelques années plus tôt.

Après une exclusion « logique » en tant qu'élu de la SFIO à la suite de ses prises de position affirmées et assumées contre la nouvelle ligne politique du parti, il a contribué à la création du parti socialiste de France qui est devenu l'Union Socialiste Républicaine.

En 1934, il s'est inscrit un peu plus dans le paysage politique français en prenant la fonction de chef de cabinet d'Adrien Marquet, ministre du Travail auprès du maréchal Pétain et de Pierre Laval. Aux élections législatives de 1936, il a été candidat USR à la 4e circonscription de Bordeaux face à Philippe Henriot, député de la droite extrémiste pour ne pas employer un autre terme qui serait sans nul doute plus précis et juste. Il a perdu.

En 1940, il est toujours le chef de cabinet d'Adrien Marquet mais au service d'un autre ministère, celui de l'Intérieur du maréchal Pétain. Un rôle qui le préparait « comme il faut » à ses futures fonctions de ministre au Gouvernement de Vichy, le parcours était tout tracé. À ce poste, il a naturellement été lié aux discours, proclamations et mesures prises aux aspects totalitaires du ministre de l'Intérieur. Ce ministère représente et travaille directement avec la police, il était bien au cœur de tout ce qui se mettait méthodiquement et rigoureusement en place pour répertorier et capturer tous les juifs, adultes et enfants. Ils n'ont pas eu besoin des nazis pour cela, des initiatives de l'État et de la police française ont été prises sans eux.

En effet, le 17 juillet 1940 marque la révocation des agents des services publics français par naturalisation. Le 23 juillet 1940, le ministre Adrien Marquet s'est exprimé à la radio : « *Un ordre nouveau va naître en Europe, la France doit s'y intégrer* ». Le 13 août 1940 a eu lieu la promulgation de la loi interdisant les sociétés secrètes. Adrien Marquet est remplacé par Peyronton, ancien résident général en Tunisie : Max Bonnafous est quant à lui nommé en septembre 1940 Préfet de Constantine et en décembre 1941 Préfet des Bouches du Rhône et Préfet régional de Marseille.

Le chemin vers la collaboration officielle continue à progresser à grands pas et la perspective d'un gouvernement pro-nazi est toute proche : en 1942, Max Bonnafous est appelé par Pierre Laval au secrétariat d'État puis au ministère de l'Agriculture et du ravitaillement à la suite de la démission de Leroy-Ladurie. En 1943, avec la conviction que les alliés vont gagner la guerre, il prend quelques dispositions en faveur des résistants, ce qu'il ne manquera pas de valoriser et de mettre en évidence lorsqu'il sera jugé à la libération.

Début 1944, il démissionne de son ministère lorsque les Allemands ont imposé Darnand au « Maintien de l'ordre » et Philippe Henriot à « l'Information », le rival de ses débuts et de la suite… crise d'ego ou véritable prise de conscience de « tout ça », peut-être un mélange des deux ? Dieu seul sait.

Mon arrière-grand-père a été arrêté et jugé à la libération, puis a été frappé d'indignité nationale comme ministre de Vichy. Il fut relevé de cette indignité pour avoir rendu des services à la résistance, le procès a donc été conclu par un non-lieu. Est-ce que des « services rendus à la résistance » peuvent faire envoler en fumée des heures passées à collaborer, à assumer, à valoriser et surtout à mettre en œuvre des pensées et actions nazies ? En ce qui me concerne, non, mais à chacun de se faire sa propre idée. Lorsqu'il y a eu la rafle du Vel d'Hiv les 16 et 17 juillet 1942, il était au pouvoir, il faisait déjà partie du gouvernement. Cela signifie qu'il assistait aux réunions, aux échanges, aux prises de décisions de la haute sphère. Au-delà de savoir, il a acté, validé, assumé ce qui a été décidé. Il a été acteur, décideur, complice de cette innommable initiative du pouvoir en place qui a été de considérer que les juifs étaient des monstres envahissants qu'il fallait éradiquer. Après avoir élaboré un plan machiavélique, la police française, sous les ordres du gouvernement de Vichy par l'intermédiaire du ministre de l'Intérieur a mis en œuvre l'arrestation des juifs de la capitale, femmes, enfants et hommes, dès 5 h du matin après avoir veillé à l'ouverture du vélodrome d'hiver à 3 h du matin en vue non pas de les accueillir, mais bien de les réceptionner comme on récupère un colis que l'on empile avec les autres, peu importe la taille, sans délicatesse et considération.

La rafle des juifs de Paris, après la première du printemps 1941 qui a concerné plus de 6000 hommes juifs étrangers, a commencé le 16 juillet 1942 et a duré deux très longues journées. Le premier jour, la police a effectué plus de 9000 interpellations. Le deuxième jour, plus de 3000. Jusqu'au 22 juillet, la police a continué à procéder à des arrestations. Après 6 jours, 13 152 juifs ont été déportés parmi lesquels 4051 enfants dont 800 avaient au moins 6 ans. À la libération des camps, une centaine seulement est revenue vivante, survivante.

Je me souviens parfaitement de ce moment où j'ai pris brutalement conscience de mon lien natal avec cette date qui marque le commencement irréversible de la chasse aux juifs dans le pays des droits de l'homme, comme la France aime tant le rappeler lors de discours politiques pour vanter les mérites de cette nation qui veille au respect de la dignité humaine… J'étais dans le train qui me ramenait à Paris, côté fenêtre, et je lisais le livre d'Alexandre Jardin « Des gens très bien ». Son histoire me parlait, me parle toujours, un peu moins violemment qu'avant. En voyant écrit la date de la rafle du Vel d'Hiv, que je connaissais pourtant, j'ai fait brutalement le lien. C'était bien réel, vrai, mon arrière-grand-père était déjà au gouvernement de Vichy à ce moment-là. Les larmes m'ont submergée, il m'était impossible de les contrôler, de m'arrêter. J'étais écœurée, il me dégoûtait, je me détestais d'être son arrière-petite-fille. Les Carole se fête le 17 juillet, du premier au dernier jour de ma vie, je serai liée à eux, à leur histoire, à notre histoire… Ce jour-là, chaque année, ma première pensée n'est pas destinée aux Carole et à moi mais bien aux plus de 13 000 juifs qui ont été arrêtés et déportés ce jour-là et la veille.

Après avoir été délesté de toute accusation et blanchi de tous reproches, mon arrière-grand-père a cessé toutes activités politiques et professionnelles. Il s'est discrètement retiré, non pas par pudeur mais probablement par lâcheté mélangée peut-être à de la honte, à Bourgival puis à Nice où il a épousé l'actrice Gaby Morlay qui avait été sa maîtresse avant qu'il ne soit veuf de sa femme. À la mort de Gaby Morlay en 1964, il s'est remarié avec une amie de celle-ci…

Max Bonnafous n'a pas eu d'enfant légitime, né durant son premier et plus long mariage. Il a seulement eu une fille naturelle le 22 octobre 1916, à l'âge de 16 ans, elle s'appelait Yvette et c'était ma grand-mère paternelle. Une femme à multiples visages qui se révélait en fonction de l'auditoire. Elle m'avait désignée comme son bâton de vieillesse et me préparait sournoisement à un avenir peu réjouissant pour l'enfant rêveuse que j'étais : rester jour et nuit à ses côtés jusqu'à la fin de ses jours. En m'abandonnant pour un autre monde, mon père m'a sauvée. La prise de conscience du méticuleux plan de ma grand-mère a été brutale car simultanée à la perte de mon père, mais elle m'a sauvée d'un destin sacrificiel.

Chapitre 12
De l'empreinte de l'horreur au toucher de la grâce

Après cette séance où mon inconscient s'est révélé, pour ne plus oublier, s'en est suivi un chemin de croix où je me suis sentie lentement descendre pour m'ensevelir dans les bas-fonds de l'obscurité. Je n'entrevis plus la lumière, même pas une lueur. Je me rapprochais de la noirceur, de la sombreur de mon histoire familiale paternelle et mon corps s'assimilait de plus en plus aux corps décharnés des juifs en camps de concentration. Je portais le fardeau d'une histoire bien trop lourde pour moi, la connaissance des actes de mon ascendance m'était physiquement et émotionnellement insupportable.

Je ne mangeais presque plus, je ne buvais pas, je ne dormais plus, je ne travaillais pas, je ne pensais plus, même la survie m'était devenue impossible. Un matin, je me suis réveillée en sentant, en entendant mon cœur battre au ralenti, je le sentais faible jusqu'à avoir l'impression de ne plus l'entendre. Il ne battait pas à la chamade pour un amour naissant mais il s'effaçait pour la mort qui rôdait. Lui aussi était fatigué et il m'envoyait un message : soit je faisais le choix de la vie donc reboire, remanger, redormir, soit je faisais le choix de la mort et il s'arrêterait bientôt de battre, et viendrait alors mon dernier souffle.

C'était un matin de décembre, je louais pour cinq mois jusqu'au 17 avril le petit appartement d'une connaissance d'un ami partie pour une mission professionnelle sur un paquebot dans le Grand Nord, rue Lamark dans le 18e arrondissement. J'étais à dix minutes à pied de la basilique du Sacré-Cœur à Montmartre. Ce matin-là, à mon réveil d'une nuit d'insomnie, je n'arrivais plus à respirer et mon cœur semblait lui aussi vouloir me lâcher. J'ai véritablement eu la sensation que j'étais en train de mourir, seule, dans un appartement qui n'était pas le mien, loin de ma famille qui était pourtant la source de mon fardeau, loin de mes amis, de la vie. Je me souviens parfaitement de ma première pensée lorsque j'ai cru que c'était définitivement la fin, je me suis dit « Je n'en ai pas autant bavé pour crever maintenant ». Pas très classe et distingué en effet mais tellement juste à ce moment donné.

Les synchronicités de l'univers se sont manifestées comme un message du ciel pour me dire que je n'étais pas seule. J'avais le même jour une séance avec ma psychologue et ma nutritionniste quelques heures après. Toutes deux m'avaient suggéré quelques semaines avant la possibilité même la nécessité, disons le l'urgence de me faire aider dans une structure dédiée au réapprentissage d'un élément fondamental et vital : me nourrir pour vivre. Je pensais avant pouvoir guérir, ou tout au moins m'en sortir seule. L'état présent me montrait qu'il n'en pouvait être ainsi. À la proposition réitérée insistante mais bienveillante teintée d'espoir de ma psy, j'ai dit oui, vidée d'énergie et d'espoir. Il fallait pour cela une lettre d'un médecin afin que ma demande puisse être étudiée. Nathalie a de suite appelé ma nutritionniste également médecin, afin de la prévenir de mon acceptation pour une prise en charge. À la fin de la séance, plus longue que d'habitude, je suis partie la rejoindre pour mon deuxième rendez-vous qui marquera la clé vers le commencement de la réparation, corps et esprit.

Accompagnée des quelques mots explicatifs de ma nutritionniste, je n'ai pas eu de peine à trouver les mots pour écrire à mon tour une longue lettre destinée au personnel soignant dédié à la prise en charge des troubles du comportement alimentaire à l'hôpital. Une lettre de huit pages recto verso, où j'ai tout dit, sans pudeur, sans peur du jugement, que je n'en pouvais plus, que j'étais à bout et que s'ils ne m'aidaient pas, je savais que j'allais mourir. Je me souviens de ce moment où j'ai posté ces deux lettres à la poste juste un peu plus haut dans la rue. Quelques jours après, je recevais un mail me demandant de venir pour rencontrer les médecins et infirmières afin de faire un point général sur mon état de santé physique et psychique. Le mercredi 8 février, je rentrais pour la première fois dans cet hôpital. Dans la grande salle d'attente dans le hall d'entrée, il y avait une photo géante d'un médecin psychiatre qui avait été déporté puis exterminé durant la Seconde Guerre mondiale parce qu'il était juif. Les séquelles de mon histoire familiale paternelle me suivaient partout. Après la lecture de ma lettre, de mon examen de sang, de mon ECG, et suite aux échanges avec différents soignants tout au long de la journée, le verdict est tombé : j'avais besoin d'être soignée et d'être prise en charge. Toute l'équipe du service m'a accueillie pour un suivi en hôpital de jour. Sainte-Anne m'a sauvée de la mort.

Jusqu'au 17 avril 2017, un lundi de Pâques, jour de mon retour aux sources natales dans la maison familiale, lieu des souvenirs, teintés de joie et de peines, pour une durée indéterminée, je vais consacrer mes journées à grimper jusqu'à la basilique du Sacré-Cœur. Chaque jour, j'y vais pour pleurer, lire, écrire, écouter les messes et les sœurs chanter, laisser venir les pensées, toutes les pensées. Je vais marcher dans les rues de Montmartre, m'asseoir sur les bancs du jardin en bas face à la basilique. Je contemplerais ce qui m'entoure. Je prendrais le métro seulement les vendredis pour passer la journée à Sainte-Anne avec d'autres patientes aux histoires de vie différentes mais dont le corps et les comportements associés révèlent une profonde souffrance qui fait écho à la mienne. Leur douleur n'est pas la même mais elle nous lie pour essayer de se sentir mieux ensemble. Je sais que pour beaucoup de femmes, ces passages à l'hôpital, que ce soit Sainte-Anne ou d'autres, ont été un traumatisme qui n'a pas toujours amélioré leur état. Sainte-Anne, ses soignants, ont été pour moi des anges incarnés qui ont contribué à me réparer, dans l'écoute et la bienveillance. C'est la première fois que je ressentais ce sentiment : des gens s'occupaient entièrement de moi, je n'avais qu'à lâcher prise et faire confiance. Je n'avais rien à gérer, juste à accueillir. Je n'ai jamais voulu ni eu besoin de prendre des anxiolytiques ou antidépresseurs, j'avais simplement besoin de recevoir, de ressentir l'amour. Quelques mois après la fin des soins auprès d'eux, j'ai écrit à l'équipe soignante une longue lettre manuscrite pour les remercier chacun et chacune, aides-soignantes, infirmières, internes en psychiatrie, cardiologues... de m'avoir sauvé la vie quand je sombrais. Je n'ai pas indiqué ma nouvelle adresse, je n'attendais pas de retour, de réponses, de signes, je voulais juste leur transmettre un merci, ma gratitude remplie de douceur et d'amour.

Durant ces vendredis, j'ai ri, j'ai pleuré, j'ai échangé, j'ai partagé, j'ai été triste, en colère, heureuse. J'ai pas à pas réappris les sensations d'être vivante, dans un corps, mon corps que j'avais affamé, violenté, brutalisé, torturé, tenté de détruire, de faire disparaître. Mon corps qui ne m'a pourtant jamais lâchée, jamais abandonnée. Nous avons appris à nous connaître, à nous reconnaître, à nous apprivoiser, doucement, discrètement, profondément. Le temps fait son œuvre, toujours, pour le meilleur.

Seulement la volonté ne suffit pas. Le corps à une mémoire, l'âme également. Les cellules se souviennent et notre conscience ne peut pas faire tout le travail de compréhension et de réparation. Dans cette recherche quotidienne de l'équilibre, s'il n'est pas juste, on souhaite qu'il soit au moins présent, au mieux, face aux rechutes, à l'espoir qui s'éloigne, aux remises en question sur sa capacité à y arriver, même si l'optimisme triomphe souvent, les bienfaits du temps demeurent là, au fil des jours qui passent, qui se suivent et ne se ressemblent pas.

Le temps était venu de retourner aux sources, Manon courant dans les bois avec ses chiens à la chasse aux lapins appartenait au passé et à l'insouciance de mon enfance. C'est Carole en tant que femme qui devait renaître au lieu de ses premiers pas de vie, pour continuer à réparer, à guérir pour reconstruire. Je suis partie de Montmartre et de l'appartement un lundi de Pâques. Le symbole de la résurrection a marqué cet envol pour un renouveau sur ma terre natale.

Me voilà de retour dans la maison familiale, la trop grande demeure qui a été le témoin de moments heureux, partagés ou en solitaire, mais surtout des instants de drame, la maladie et la mort de mon père presque vingt ans plus tôt. Je ne m'installe pas dans ma chambre d'enfant et d'adolescente, je préfère occuper une chambre plus loin, plus haut, plus tranquille, pour retrouver le calme et le silence qui m'a tant manqué à Paris. L'absence de bruit m'a longtemps angoissée mais plus j'ai avancé dans la découverte de moi, dans la connaissance de mon être, plus je bénissais le silence et la solitude.

J'ai continué à mc nourrir grâce à la cuisine généreuse et subtile de mon beau-père. C'est un taiseux, un homme qui n'est pas particulièrement expressif et enjoué mais son humanité sans faille depuis qu'il est entré dans la vie de ma mère six années après le décès de mon père, m'a permis de réparer des aspects cassés de tout mon être. La bienveillance, l'attention et l'amour qu'il n'exprime pas naturellement ou spontanément par des mots se ressentaient authentiquement dans les plats qu'ils cuisinaient, en veillant à me préparer des aliments qui me faisaient autant de bien que plaisir. Sa délicatesse dans la présentation qu'il me faisait de ce qu'il préparait m'a aidée à surmonter l'angoisse que pouvaient me procurer certains repas. Après les soignants de Sainte-Anne qui m'avaient accompagnée durant les cinq mois précédents, il avait pris le relais discrètement avec une élégance et une patience salvatrice.

Pendant quatre mois, j'ai redécouvert ma région natale, je suis allée voir des amis de fac, j'ai marché sur les rochers face à l'océan Atlantique, j'ai respiré profondément l'air de l'eau iodé, j'ai accueilli la sensation du soleil de printemps sur ma peau, je me suis enivrée de l'odeur de l'herbe humide, mouillée après la pluie. Dormir et être réveillée par le chant des oiseaux, parler aux grosses araignées qui avaient toujours occupé l'espace de cette grande maison de pierres… J'ai tout simplement réappris à ressentir, à me reconnecter aux éléments, à la nature, à vivre.

Plus les jours passaient, plus je reprenais de la force physique et mentale, plus j'avais de l'énergie guérisseuse pour trouver une place, ma juste place dans le monde professionnel. Je pensais à la Suède, mon pays de cœur que j'aimais profondément depuis ma jeune enfance et où je n'étais pourtant pas encore allée. Il fallait attendre que je sois prête, corps et âme. Partir là-bas aurait été à ce moment-là de ma vie une fuite, de moi, de mon histoire familiale. Ce n'était pas le moment, mon chemin devait avant passer ailleurs, repasser vers un lieu connu, mal vécu mais nécessaire pour clôturer, boucler la boucle d'une tranche de vie.

Alors que je n'y attendais plus n'ayant pas eu de nouvelles pendant des mois, je reçois un appel de la directrice académique d'une école dans l'enseignement supérieur, école à laquelle j'avais postulé et où j'avais passé des entretiens des mois plus tôt lorsque j'étais encore à Paris. J'allais commencer dès le 1er septembre une nouvelle aventure professionnelle, auprès des jeunes en construction, ceux-là mêmes qui ont contribué à me reconstruire, à me faire sentir à ma juste place, auprès d'eux, avec eux. Je m'attelle en août à trouver un studio ou appartement meublé. Là encore, malgré un contexte peu favorable en termes de temps et de localisation, j'ai toujours ma bonne étoile qui veille et grâce à une connaissance devenue une amie rencontrée à Saintes quelques mois plus tôt, je trouve un studio meublé dans le 10e arrondissement. Et je me dis une fois encore que les situations dans ma vie sont très souvent compliquées mais finissent toujours bien. À 34 ans, je deviens donc enseignante et chercheuse en finance et en management, je retourne à Paris avec mes affaires qui rentrent toujours dans une voiture, confiante et joyeuse.

Ces quelques mois aux sources, proche de ma famille, de mes racines, m'avaient permis de poser les bases d'une reconstruction personnelle et professionnelle. Les fondements étaient fragiles, vulnérables mais l'espoir et l'envie étaient bien là.

Pendant trois ans, j'ai continué chaque jour, pas à pas, à renaître pour ressentir, pour véritablement vivre incarnée dans mon corps. Mais mon corps était encore timide, son affirmation n'était pas évidente et naturelle, il manifestait l'envie de se cacher encore, de ne pas prendre trop de place, de ne pas déranger. Mon cœur et ma tête se sont révélés, j'étais bien ouverte, réceptive à tout ce que les étudiants, mes collègues me donnaient de bon. À leur contact, je me sentais vivante, traversée par diverses émotions, j'existais, je voyais le sens, je n'étais plus absente à la vie.

Durant ces dernières années, j'ai évolué au cœur du mélange des êtres, de ce qui fait la force de la planète. Je me souviens un jour avoir regardé debout contre mon bureau ma classe d'étudiants de deuxième année. Ils étaient comme à chaque début de cours animés de vives énergies difficilement canalisables et dans cette salle composée d'une trentaine de jeunes d'environ vingt ans, j'observais la véritable beauté et richesse du monde. En face de moi, j'avais des filles, des garçons, des peaux blanches, noires, métisses, des yeux bleus, marrons, verts, bridés, des cheveux courts, longs, bouclés, raides, frisés, des petits, grands, ronds, gros, secs, des Français, des étrangers d'Europe, d'Afrique, d'Amérique latine, d'Asie… et j'ai souri, ce moment était juste magique, quelle chance j'avais de contribuer un peu, humblement mais bien passionnément, à les faire devenir des adultes confiants en la vie, à toute épreuve, aux rêves extraordinaires.

Face à cette diversité humaine si belle et vivante, j'étais entourée au quotidien d'étudiants qui pour beaucoup étaient juifs. J'ai toujours eu la conviction que je n'étais pas rentrée dans cette école par hasard. Même si toutes les religions, les croyances ou non croyances étaient bien présentes, la communauté juive, également parmi mes collègues, était particulièrement présente. Je m'y suis sentie tout de suite à l'aise, naturellement intégrée car nous ressentions toutes et tous que nous avions chacun et chacune notre place, ensemble. Pendant ces quelques années à côtoyer ces personnes de tous âges, j'ai eu le sentiment, probablement inopportun mais bien réel, que je réparais peut-être un peu ce que mon arrière-grand-père avait contribué à détruire, en vain.

Je me souviens de Judith, une collègue devenue amie que j'affectionne particulièrement, une épreuve passée mais éternellement présente nous reliait, la mort de notre père. Elle dirigeait l'équipe de chercheurs qui œuvraient avec l'Institut Rafael, une maison de l'après-Cancer, un lieu unique dédié aux patients et aux aidants pour les accompagner sur le chemin de la reconstruction. Mon père en était mort brutalement vingt plus tôt, je m'impliquais humblement avec mes petits moyens pour que d'autres puissent redécouvrir la vie, en douceur. Nous nous rendions toutes les deux à une réunion dans sa voiture et nous échangions sur le contexte des attentats et de leurs conséquences qui indiquaient à la communauté juive qu'elle n'était pas en sécurité et qu'elle ne pouvait pas vivre dans une insouciance enviable aux enfants. Elle s'est tournée vers moi en me regardant dans les yeux et elle m'a dit avec un tendre sourire « Tu sais, notre communauté est très sympa ». Je lui ai répondu en la regardant avec un sourire aussi tendre, « Je le sais ».

À ce moment précis, j'ai repensé à mon arrière-grand-père, j'ai songé un bref instant à lui dire qui il était mais je me suis dit que le moment n'était pas propice à cela. Certainement n'étais-je pas prête, peut-être que je portais encore de la honte et qu'il fallait que je continue à travailler sur cette histoire afin de m'en libérer et de comprendre que je n'étais pas responsable, même si j'étais son arrière-petite-fille. J'ai aussi eu l'impression un instant de la trahir, de lui mentir… mais non, je savais sincèrement que la communauté juive était chaleureuse puisque j'évoluais parmi elle, toutes générations confondues, et que je m'y sentais naturellement bien. Je n'ai jamais caché que j'étais croyante et même si j'ai eu une éducation catholique non pratiquante, je ne me suis jamais reconnue dans certains aspects de ma religion. À aucun moment, je n'ai senti que cela posait un problème, bien au contraire. Nous étions tous dans le respect de nos différences, avec tolérance. Nous étions tous d'accord que l'essentiel, la source, le divin, nous réunissait, Dieu.

Je me souviens également de cet échange avec Armand, mon directeur, que je voyais environ une fois par mois à son bureau pour faire un point sur notre engagement sociétal qui nous tenait à cœur pour les étudiants. Nous échangions de temps en temps sur des sujets parallèles un peu plus en profondeur et il m'avait dit « Tu sais Carole, nous avons le même Dieu, juste pas le même intermédiaire ». Cet homme a contribué à ma réparation, à mon évolution et à mon affirmation. Il fait partie de ces personnes exigeantes qui vous élèvent si vous décidez vous-même de grandir. Sa vivacité d'esprit, sa créativité et sa bienveillance continuent à m'inspirer, c'est un visionnaire et c'est l'un des rares hommes avec qui j'ai pu et peux être pleinement moi, en toute authenticité, sans avoir crainte d'une mauvaise interprétation de ma spontanéité joyeuse et de mon enthousiasme naturel. Il ne fait pas partie de ces hommes qui jouent un double jeu malsain avec les femmes avec qui il travaille. Aucune place à l'ambiguïté, il est droit et respectueux et c'est très précieux. Il est et restera de ces hommes qui comptent et auront marqué ma vie, je tenais à lui exprimer ici.

La foi est quelque chose d'intime, de personnel, qui ne doit pas être imposée. Chacun est libre de croire, ou de ne pas croire, de croire et de ne plus croire. Cette liberté est fondamentale et doit le rester, à toute épreuve.

J'ai le sentiment que ces dernières années ont été particulièrement marquées par des actes de barbarie ignobles. L'enlèvement, la séquestration, la torture et l'assassinat d'Ilan Halimi, les attentats de mars 2012 ayant tué notamment un enseignant, Jonathan Sandler et ses deux petits garçons, Arié, 6 ans, et Gabriel, 3 ans et demi, et une petite fille de 8 ans et demi, Myriam Monsonégo, trois enfants d'une école juive. Puis l'attentat de l'hyper Cacher le 9 janvier 2015, le meurtre antisémite innommable de Mireille Knoll le 23 mars 2018, et tant d'autres, ont laissé des traces, ancré des traumatismes irréversibles puisqu'ils touchent l'âme et la mémoire d'une communauté, de l'histoire de la France, de l'Europe, du monde. À chaque acte antisémite mais qui touchait aussi une autre communauté comme les musulmans, je veillais à faire exprimer aux étudiants leurs ressentis. Je savais trop l'importance d'exprimer ses émotions, de poser des mots sur ses peines, sur leur colère, leur peur, leur tristesse, pour qu'elles puissent s'évaporer et laisser place à autre chose de plus beau, de l'espoir et de la joie, sans pour autant oublier.

Je me souviens de Sharon, de Shirel, de leur peur, de leur impression de ne pas être à leur place en France, dans leur pays, à tout juste 19 ans… de leur envie d'aller vivre et travailler en Israël parce que c'était le seul endroit où elles se sentaient en sécurité, où elles pouvaient vivre sans crainte du quotidien, sans peur d'être simplement elles-mêmes. Je me suis souvent sentie impuissante face à leurs âmes blessées, leurs incompréhensions… Je ne pouvais pas leur expliquer ce qui était en effet impossible à comprendre. Je pouvais tenter de leur expliquer certaines choses mais personne ne détient la vérité sur un état de mal être global et général qui dure, perdure, depuis tant d'années, trop d'années.

J'ai fait au mieux durant ces temps d'échanges, avec écoute, attention, douceur. La parole libère, elle permet de laisser une partie de ce qui nous fait du mal au passé et de permettre un espace plus grand dédié à l'espoir d'une vie plus belle.

Je voulais qu'ils croient avant tout et plus que tout en eux, en leurs ressources intérieures insoupçonnées. Je voulais qu'ils croient que tout a un sens, même le pire, l'innommable, l'inqualifiable. Que ce sens, on le perçoit, on le comprend, on l'intègre bien souvent plus tard, mais jamais trop tard. Que la vie nous envoie les épreuves que l'on peut surmonter et qu'ils ont chacun cette force incommensurable en eux de les dépasser. Qu'il n'y a pas de fatalité, de déterminisme, de combats pour le meilleur impossible. Que nous avons individuellement cette puissance salvatrice mais qu'elle est bien plus transcendante lorsque nous la déployons ensemble, unis par nos différences et nos complémentarités. Que nous ne formions qu'un et que c'est formidable.

Pendant ces dernières années, j'ai ressenti le besoin de continuer à lire, regarder, chercher tout ce qui était en lien avec la Shoah, le gouvernement de Vichy, l'antisémitisme. Écouter les témoignages des rescapés, qui s'éteignent un peu plus chaque année pour l'éternité avec le temps qui passe. J'avais besoin d'informations, d'analyses, d'explications pour comprendre ce que finalement personne n'a jamais réussi à comprendre des choix, des décisions, des situations, des évènements inhumains. C'était devoir accepter véritablement que tout ne puisse pas s'expliquer, que tout ne rentre pas dans le cadre du rationnel. Ce processus de compréhension qui s'était mis naturellement en place dans mon quotidien était là pour me permettre d'avancer, de trouver peut-être le sens de cet héritage familial qui m'avait été très tôt remis sans être nommé. Ce fameux sens dont je parlais sans cesse à mes étudiants en leur disant qu'ils le verraient plus tard, certainement bien plus tard, mais qu'il ne serait jamais trop tard.

Chapitre 12
Raviver les cendres

Plus apaisée, j'ai pu écouter des témoignages d'êtres humains qui avaient connu et vécu la déportation dans les camps, ou qui avaient juste, et c'est déjà trop, assisté mais échappé dans leur chair à la barbarie des nazis, des collaborateurs, de la folie humaine.

J'ai dévoré les livres écrits sur et par Simone Veil, une femme à qui je voue une admiration sans faille, pour diverses raisons, au-delà de ce qu'elle a réussi à surmonter après cette expérience destructrice dans les camps. J'ai lu les témoignages de Ginette Kolinka, je l'ai écoutée, j'ai pleuré. Une phrase d'Élie Buzun m'avait particulièrement marquée lorsqu'il avait témoigné dans l'émission La Grande Librairie face à Pascal Busnel. Il a exprimé ceci : « Je me suis rendu compte après qu'il y avait l'Europe de l'Ouest qui avait participé, soit activement, soit passivement, au régime nazi allemand. C'est pour ça que j'ai quitté l'Europe parce que j'estimais que toute l'Europe avait trempé d'un crime et le sol européen était imprégné du sang et des cendres de 6 millions des nôtres ». Dans sa vieillesse meurtrie, son passé n'avait toujours pas pu laisser place à la quiétude. Je me souviens des mots de Benjamin Orenstein, un juif polonais qui avait été déporté et qui témoignait de son expérience lors des 10e assises de la lutte contre le négationnisme que nous avions organisé avec l'école en janvier 2020 au Sénat. Il avait dit ceci « La plus grande des souffrances est la peur ». C'est si juste.

Je me souviens de ce documentaire de France 2 « Antisémitismes », terme inventé par l'allemand Villem Maar, qui relatait les origines de ce mal, son histoire, son évolution, sa présence… Toutes ces caricatures sur les juifs, ces lois votées contre les juifs dès le 18e siècle, de la diffusion de ces idées nauséabondes le 10 mai 1933 où des professeurs et des étudiants de l'université de Berlin avaient brûlé des livres écrits par des auteurs juifs en présence de la ministre de la Propagande. Je me souviens de la pensée machiavélique d'Édouard Drumont qui au 19e siècle avait nourri une haine de rancune contre les juifs sur sa perception de leur rapport à l'argent. Il y avait selon lui, et bien d'autres qu'il a embrigadé, un complot juif. Il laissera bien des traces de sa pensée à travers son livre « La France juive » paru en 1886 et qui a connu un succès immédiat, révélant l'adhésion à cette idéologie d'un trop grand nombre. Je me souviens de la conceptualisation de théories raciales abordant une approche biologique pour crédibiliser la bêtise humaine, de la parution en avril 1892 du journal « La libre parole » dédié à la lutte anti-juive.

Je me souviens des derniers témoignages des survivants de la Shoah qui s'éteignent peu à peu, au fil du temps qui passe… Je me souviens de la lecture des témoignages de Florence Schulmann, Hana Berger Moran, Mark Olsky, tous les trois nés dans les camps de concentration et d'extermination.

Et je veille à me souvenir de toutes ces âmes, de tous ces corps qui sont passés dans ces camps et qui n'ont jamais pu en sortir. Ils y ont laissé leurs squelettes, leurs cendres, leur insouciance.

Je pense à tous les descendants de ces juifs déportés et exterminés qui doivent vivre avec cette histoire, leur histoire, notre histoire à toutes et tous. À ces êtres-humains qui doivent faire face au quotidien malgré l'horreur du passé à l'effroyable du présent qui ne semble pas apprendre.

Je me souviens d'avoir été bouleversée à la lecture de l'histoire de Sir Nicholas Winton, né le 19 mai 1909 et décédé le 1er juillet 2015 qui dès 1938 a commencé à sauver des enfants juifs de l'Holocauste. Cet homme extraordinaire a fait quitter la Tchécoslovaquie pour l'Angleterre 6669 enfants juifs et les a aidés à trouver des familles pour les accueillir chez elles. La plupart de leurs parents allaient mourir dans les camps de concentration d'Auschwitz. Par humilité et pudeur certainement, il n'avait jamais parlé de cette histoire avant que sa femme ne retrouve un carnet de notes dans leur grenier cinquante années plus tard, en 1988. Ces carnets contenaient précieusement les noms et les photos de tous les enfants qu'ils avaient sauvés. Ces mêmes enfants se sont réunis autour de lui sans le prévenir des années plus tard. Bouleversant.

Je me souviens et je pense à tous mes étudiants qui ont eu peur, qui ont encore peur, qui sont perdus et espère trouver leur juste place, dans la confiance et dans l'espoir. Et je suis convaincue qu'ils la trouveront et qu'ils œuvreront à leur manière pour un monde plus tolérant où chacun contribuera à ce qui est en fait sa véritable richesse grâce à ses différences, à son unicité.

Je me souviens d'avoir essayé jusqu'au bout de leur donner tout mon amour, ma douceur, ma joie pour qu'ils se sentent considérés et qu'ils ressentent leurs ressources intérieures insoupçonnées.

Je me souviens les avoir aimés, chacun d'entre eux, quels que soient leur histoire, leur parcours, leur religion, leur couleur de peau, leurs caractéristiques physiques… Je les ai aimés justement chacun d'entre eux grâce à tout ce qui faisait qu'ils étaient là, face à moi. Je me souviens les avoir aimés inconditionnellement, ce qu'est le véritable amour. L'amour qui sauve de tout.

Presque vingt années à m'infliger des sévices que je ne souhaite à personne, même à la pire incarnation du mal, même au diable. Je me suis détestée pendant des années sans savoir réellement pourquoi. Je me suis haïe, maltraitée d'une puissance si intense qu'elle me semblait venue d'un autre monde, d'une autre vie, d'un autre être.

On dit que l'on ne peut pas aimer les autres lorsque l'on n'est pas capable de s'aimer soi-même. J'ai pourtant la conviction d'avoir aimé les êtres croisés sur mon chemin d'une force surnaturelle, au-delà de moi-même, malgré moi-même. Aimer n'a pas été le problème mais plutôt comment aimer comme il faut, se laisser aimer, au bon moment par la bonne personne.

J'ai pourtant vu ce qu'était l'amour. Mes parents représentaient si fort un couple amoureux que j'ai longtemps pensé que ma mère était plus une amoureuse qu'une mère, qu'elle était plus faite pour aimer à deux que pour aimer en tant que maman. J'ai conscience que ces mots, cette pensée, peut être qu'une croyance, est dure. Mais je n'exprime pas de reproches ou de colère envers elle. Je sais aujourd'hui que ma mère m'a aimée, qu'elle m'aime. Ce travail thérapeutique que j'ai fait pendant des années, dans la douleur et la patience mais bien avec confiance, m'a fait comprendre qu'elle avait sa propre histoire avant que je naisse, qu'elle a fait comme elle a pu et que comme tout être humain, elle a fait des erreurs mais aussi des réussites. On en veut toujours à nos parents de ne pas avoir fait telle ou telle chose, de nous avoir dit parfois des mots si blessants qu'ils vous marquent à vie. Ma mère est tout simplement humaine et en cela, elle a ses défauts et ses qualités. J'aime à penser que j'ai pris le meilleur de la femme qu'elle a toujours été : courageuse, déterminée, généreuse avec le sens de l'équité. Ma mère est une guerrière et même si ce n'est pas une maman qui dit spontanément à ses enfants qu'elle les aime en les prenant affectueusement dans ses bras, elle s'est battue comme une lionne pour nous protéger des membres de la famille qui voulaient nous faire du mal, nous détruire, contre mon oncle, le frère de mon père, qui s'est acharné jusqu'au bout contre elle, contre nous, après le décès de son propre frère. Mon père, lui, l'a toujours aimé, malgré tout. Elle n'avait à ce moment-là que 46 ans, une entreprise à faire vivre, les études de mes frères à financer et moi, qui n'avais que 15 ans.

Quant à mon ex-mari, aujourd'hui à tout juste 40 ans et après un chemin de guérison, ma perception et mes ressentis ont évolué. Le temps a fait son œuvre et il m'a permis de me remémorer en douceur certains souvenirs que j'avais occultés à cause d'une colère oppressante qui ne voulait pas me quitter. Oui, ces années de mariage ont pour moi été un enfer, une torture quotidienne que m'infligeait la vie dont j'étais responsable puisque je n'avais pas dit non alors que rien ne me forçait à dire oui, sauf l'estime inexistante que j'avais envers moi. Mais le réel problème n'était pas le marié mais bien le mariage. C'est important pour moi d'être en accord avec mes ressentis du présent et dix ans tout juste après mon divorce, je peux dire simplement et en toute sincérité que j'ai aimé cet homme, pas comme il faut mais comme j'ai pu et que j'ai partagé de beaux moments avec lui. Malgré tout, il a été là, pas comme il faut mais comme il a pu lui aussi. Et il m'a laissée finalement partir, alors qu'il m'aimait et que lui aussi a souffert, en silence avec mon absence.

J'ai ressenti, perçu très tôt l'obscurité, le plomb silencieux qui parsemaient ma lignée paternelle. Tout était flou, instable, insécurisant, tout était nauséabond, les gens, leurs mots, leurs pensées, leurs regards. J'ai très tôt intégré inconsciemment le poids du secret, son vice, son inconfort à exister encore, à avoir agi de la sorte.

J'ai eu des années en horreur cette lignée paternelle pourrie jusqu'à la moelle, je les ai détestés, vomi chaque jour, je ne pouvais supporter de vivre, d'exister en pensant que si mon arrière-grand-père n'avait pas été vivant, je n'existerais pas non plus. J'ai donc tout fait pour me détruire, pour ne pas être digne d'amour, pour m'effacer, pour disparaître. Je devais être loyale aux âmes, aux corps décharnés, mutilés qui avaient péri dans les chambres à gaz et que l'on avait jetés dans des fosses creusées spécialement pour eux. Mon corps, ma souffrance ressemblaient un peu aux leurs. Être comme eux, c'était être avec eux, continuer à les faire vivre, à ne pas les oublier même si je ne les avais pas connus.

Mon arrière-grand-père a caché l'existence de ma grand-mère, il n'a pas voulu révéler qu'elle était là, bien vivante, et qu'il en était le père. Il ne l'a pas entièrement exclue de sa vie, la faisait venir dans ses grands et beaux bureaux appartenant à l'État, à la nation, à la France, certainement son ego à flatter. Il l'a vue parfois, reconnue jamais. Lorsqu'elle a créé le magasin d'optique à Saintes avec mon grand-père à la fin de la guerre, il a refusé de les aider dans le financement de leur projet. Jusqu'au bout, il l'aura abandonnée et rejetée.

J'ai compris et accepté que j'aurais beau chercher, lire, essayer de comprendre qui il était, pourquoi il a fait ses choix, pourquoi il a contribué, il a collaboré à l'horreur humaine, je ne saurai jamais la réponse exacte. Je ne peux qu'imaginer, supposer, suggérer des vérités, des réalités.

Après des années de destructions, de tortures intellectuelles et physiques, d'analyses impossibles, de réparations, de reconstructions, deux choix se sont imposés à moi : soit je continuais à subir physiquement et psychologiquement cette ascendance paternelle et à en vouloir à l'univers tout entier de m'avoir infligé un arrière-grand-père acteur d'un crime contre l'humanité, et les conséquences qui vont avec. Soit je décidais de transformer le plomb en or, l'obscurité en lumière qui éblouirait d'amour et de douceur le plus vicieux des démons. La lumière était bien trop attirante pour que je continue à la fuir.

J'ai enfin accepté que nous maîtrisions finalement bien peu de choses dans nos vies, liées à la vie, mais nous restons libres du regard que nous portons sur elles, de la perception que l'on donne aux situations. Nous dépendons au quotidien d'évènements extérieurs à nous, à notre volonté mais même contre vents et marées, nous demeurons profondément libres. La véritable liberté est intérieure et lorsque nous le comprenons, le ressentons, c'est puissant, c'est magique.

J'ai à présent fait le choix d'être, de vivre pleinement dans cette vie incarnée, de ressentir la matière qu'est mon corps, d'écouter, d'être attentive à ses messages. De l'aimer inconditionnellement, de l'aider à élever mon âme, au mieux, comme on peut, ensemble, avec indulgence, délicatesse et respect. J'ai fait le choix de relier mon corps et mon esprit, pour vivre cette unicité qui peut soulever des montagnes, qui révèle le sens, qui permet l'échange, le partage, la transmission.

Je ne suis ni responsable ni coupable de ce qu'a pensé, fait ou pas fait mon arrière-grand-père lorsqu'il était ministre dans le Gouvernement de Vichy et a collaboré avec les Allemands nazis, mais je serais responsable si je laissais cette part de l'histoire familiale dans le silence sans la transformer. Je ne minimise pas son rôle, son implication, ses choix. J'ai longtemps commenté, analysé, jugé, mais finalement je ne sais rien et je ne saurai jamais. J'essaie de ne pas juger mais ce n'est pas pour autant que je n'ai pas mes idées et un regard précis sur son histoire, sur mon histoire, sur notre histoire. Ce n'est pas pour autant que je ne suis pas écœurée, dégoûtée, révoltée de ce qui n'aurait jamais dû exister et qui perdure quand la barbarie humaine se réveille brutalement, ici, ailleurs, partout, tout le temps.

Je fais simplement le choix de ne pas oublier, de me souvenir, de ressentir, de parler, de transmettre. Oui de transmettre pour contribuer humblement et avec engagement à faire perpétuer la mémoire pour que personne n'oublie, pour que tout le monde sache, toutes les parties prenantes à l'histoire de notre pays et de notre humanité.

Lorsque je venais chaque mardi en séance pour faire revivre cette mémoire enfouie, une autre âme, un autre corps étaient blessés. Mon ancienne thérapeute, Nathalie, m'a partagé il y a peu de temps une anecdote riche en symboles après avoir lu l'émouvante histoire concernant l'amitié inimaginable entre un rescapé de la Shoah et le fils d'un soldat nazi. Sans me dévoiler d'informations personnelles, elle m'a révélé que chaque mardi, jour où je me rendais chaque semaine à son cabinet pour déposer tous mes boulets, et Dieu sait qu'il y en avait une ligne qui semblait infinie, une autre patiente exprimait son mal-être, lié au mien. Elle était également une arrière-petite-fille, mais pas de collaborateur ou de nazi, de parents juifs qui avaient été déportés, puis exterminés. Nathalie lui avait dit qu'elle écoutait aussi d'autres personnes qui avaient des aïeux qui avaient pu participer, d'une manière ou d'une autre, à ce système, et que leur tristesse était immense. Cette patiente l'a remerciée, elle les a plaints, elle a dit qu'elle comprenait. Trois mois plus tard, la thérapie se terminait, depuis cette femme a eu un bébé. Le fait de faire tomber cette barrière l'avait aidée à appartenir au monde, à y trouver une autre place que celle de survivante d'un évènement non vécu, à se sentir légitime. Oui, il est temps d'appartenir pleinement au monde, de vivre mon histoire, à ma juste place, à partager à deux, à donner la vie, à transmettre la lumière.

J'écris ces derniers mots et je pleure. Je pleure pour toutes ces âmes parties en fumée, réduites en cendres à cause de ce que l'humanité a de plus mauvais. Je pleure des larmes pour l'innommable, l'inacceptable. Je pleure pour les derniers rescapés des camps qui s'éteignent peu à peu et qui nous disent jusqu'à leur dernier souffle qu'ils ne veulent pas que l'on oublie. Je pleure pour les descendants des juifs exterminés dans les camps qui portent le souvenir éternel meurtri. Je pleure pour les héritiers qui ont porté malgré eux le poids familial d'un secret peu glorieux.

Les pleurs s'envolent, avec la tristesse de papa, la mienne. Je souffle doucement sur les cendres, un sourire se dessine. Bienvenue à la lumière, à l'amour, à la vie…

16 juillet 2023 : J'écris les ultimes mots de cette histoire, de notre histoire. Aujourd'hui, cela fait 81 ans que la rafle du Vel d'Hiv a eu lieu à Paris. Je pense à toute la communauté juive, ceux qui ne sont plus là, ceux qui sont encore là et ceux qui seront là.

Il y a 28 ans, le 16 juillet 1995, 53 ans après la rafle du Vel d'Hiv, le Président de la République Jacques Chirac prononçait une allocution pour enfin faire reconnaître la responsabilité de l'État français dans la déportation et l'extermination des juifs lors de la Seconde Guerre mondiale. Je me remémore chacun de ses mots prononcés avec cœur, justesse et humanité : « *Quand souffle l'esprit de haine, avivé ici par les intégrismes, alimenté là par la peur et l'exclusion. Quand à nos portes, ici même, certains groupuscules, certaines publications, certains enseignements, certains partis politiques se révèlent porteurs, de manière plus ou moins ouverte, d'une idéologie raciste et antisémite, alors cet esprit de vigilance qui vous anime, qui nous anime, doit se manifester avec plus de force que jamais... En la matière, rien n'est insignifiant, rien n'est banal, rien n'est dissociable. Les crimes racistes, la défense de thèses révisionnistes, les provocations en tout genre, les petites phrases, les bons mots puisent aux mêmes sources... ».*

N'oublions jamais et œuvrons ensemble, infiniment. Et puisque le temps n'est qu'une illusion, menons collectivement le combat contre ceux qui veulent nous séparer et nous diviser pour l'humanité du passé, du présent et du futur. Cette profonde et puissante altérité, nous l'avons en chacun de nous, et elle ne demande qu'à se raviver, qu'à vibrer, qu'à s'incarner, pour le meilleur.

Je pense avec émotion à Simone Veil, à ses combats, à ses actions, à son courage, à ses mots et à leur sens : « *Je n'aime pas l'expression "devoir de mémoire". Le seul "devoir", c'est d'enseigner et de transmettre* ».

Il n'y a pas de fatalité mais bien l'amour qui nous lie pour l'éternité.

Conclusion
Un ange veille parmi d'autres

Le secret a su révéler une merveilleuse facette, celle d'un père qui avait le don de savoir aimer sans retenue, avec une générosité infinie. Quand la vie nous arrache notre être le plus cher lorsque nous sommes enfants et qu'il a été le plus formidable des modèles durant nos jeunes années de construction, nous avons tendance à idéaliser, à sacraliser l'homme qui n'est plus. La mémoire est sélective et dans sa douce cruauté, elle nous ramène à l'esprit les images, les sensations d'une joie et d'une tendresse à jamais perdue.

J'ai toujours été lucide sur ma capacité à enjoliver, sublimer par mes récits l'homme qu'il était. Le temps m'a permis de lui rendre son statut d'humain, en reconnaissant ses failles, ses faiblesses, sa vulnérabilité d'être. Il n'était ni Superman ni James Bond, il était simplement et authentiquement lui et c'est pour cela que je l'aimais profondément.

Mon père a été le père que sa mère rêvait d'avoir. Elle a toute sa vie été la fille cachée d'un père trop absent et indélicatement présent les rares fois où il était avec elle. Il n'a pas su l'aimer, la reconnaître, la considérer. Elle n'a eu de cesse de chercher son attention pour enfin trouver un repère fiable, solide, ancré dans ses responsabilités d'homme et de paternel. Une quête vaine que son dernier fils, mon père, a su incarner. Il a inconsciemment endossé un rôle pour sa mère afin de réparer une faille et panser une blessure inconsolable.

Mon arrière-grand-père avait été pour son unique fille un père absent, un peu présent sans être officiellement là. Ce père n'a ni voulu ni su l'aimer, il n'avait ni la volonté, ni la capacité d'incarner et de transmettre l'amour paternel. Et au-delà de l'absence et de la non-reconnaissance de son père, ma grand-mère n'a jamais su si elle avait été le fruit d'un amour impossible entre deux jeunes adolescents issus de milieux sociaux différents ou bien d'un moment d'emprise d'un jeune homme de bonne famille sur une jeune fille soumise au pouvoir d'un clan.

Papa a grandi en voyant sa mère en manque permanent d'un père inexistant dans sa vie mais qui avait durant des années été dans la lumière du pouvoir aux yeux de tous dans une période obscure et sombre de l'histoire de France et bien plus encore de l'Humanité. Se sont mélangés en elle toute sa vie la fierté et la honte, la colère et la tristesse, les questionnements et l'incompréhension.

Elle n'a jamais eu son père pour elle et elle a perdu son premier fils après quelques mois de vie. Mon père était le dernier, le 4e enfant, celui qui a endossé le rôle du fils et du père le plus affectueux de la terre. Le mien travaillait également beaucoup et n'était pas très présent mais quand il était là, auprès de nous, c'était un père si aimant et présent dans l'instant qu'on n'oubliait ces moments où son manque se faisait trop ressentir. Papa incarnait à merveille l'amour paternel, dans l'être et le faire, ce que n'avait pas été ni fait son grand-père pour sa propre mère.

En tant que petit-fils, mon père a su faire autre chose de ce secret en le transformant, en le sublimant. Il a transmuté à sa manière en permettant à la noirceur de rayonner, à la joie de remplacer la tristesse, d'éloigner la blessure de rejet pour laisser uniquement place à l'amour et à l'authenticité.

Et c'est au moment de sa mort que la cause du secret qu'il avait tenté de réparer en incarnant l'amour personnifié dans sa vie que tout a été bouleversé. À travers son métier, mon père a œuvré toute sa vie pour que les personnes voient mieux. Je me souviens quand il me faisait des examens de vue, ses grandes machines avec lesquelles il pouvait transpercer l'infini des regards, il avait accès à la source de la vue. Je me souviens de ses calculs pour analyser comment on voyait de près et de loin, pour corriger et perfectionner la vision de chaque être, la perception de la réalité de chacun. En permettant à ses clients de pouvoir lire, déchiffrer, voir les détails, les différentes perspectives, il contribuait à les aider pour qu'ils puissent accéder librement à voir le monde différemment, à la connaissance et ainsi à la liberté.

Sur mon chemin d'évolution de femme, je pense chaque jour à mon père en me demandant parfois quels conseils il me donnerait dans des situations délicates de la vie dans lesquelles je peux parfois me sentir perdue. Et si j'avais le pouvoir de lui poser une seule question l'espace d'un court instant, ce serait sans hésitation celle-ci : « Papa, comment faisais-tu pour être si doué pour aimer et sublimer l'amour ? »

Remerciements

Je tiens à exprimer ma plus sincère gratitude à Arthur Cohen pour son regard exigeant et juste dès la genèse de ce projet de roman jusqu'au dernier mot écrit.

Je remercie affectueusement Édouard S., pour son écoute attentive et délicate sur ce qui entourait cette histoire. Son amitié précieuse et son intégrité m'inspirent depuis notre rencontre il y a plus de 13 ans.

Je remercie tendrement Nathalie Nicolaïdis de m'avoir accompagnée jusqu'à mon inconscient pour devenir pleinement consciente de moi-même.

Je remercie chaleureusement Xavier Menaud, un ami et professeur formidable, Ugo et Tedj, de m'avoir généreusement prêté « La maison du bonheur » à l'été 2019 afin que je puisse commencer à écrire sereinement les premières lignes de mon histoire, entourée de douceur et de quiétude.

Je remercie infiniment Alexandra Gabriel, j'espère que C., J., et tous les protecteurs de l'au-delà, lui ont bien dit tout ce qu'elle m'a tant donné. Elle a su me reconnecter à mon essence profonde par la puissance des nombres.

Je remercie puissamment Sophie et Agnès d'avoir été authentiquement présentes dans l'aventure transgénérationnelle partagée, nous incarnons ce que la sororité peut faire de plus beau.

Merci à mon 8, 1, 9… Éternellement.

Imprimé en Allemagne
Achevé d'imprimer en juillet 2023
Dépôt légal : juillet 2023

Pour

Le Lys Bleu Éditions
40, rue du Louvre
75001 Paris

www.ingramcontent.com/pod-product-compliance
Lightning Source LLC
LaVergne TN
LVHW012116170826
845678LV00014BA/2958

* 9 7 9 1 0 4 2 2 0 0 1 1 4 *